Völkerrechtliche Haftung im Kulturgüterschutzrecht

Interdisziplinäre Europa Studien

Herausgegeben von Gilbert Gornig, Theo Schiller
und Wolfgang Wesemann

Band 5

PL ACADEMIC RESEARCH

Matthias Friehe

Völkerrechtliche Haftung im Kulturgüterschutzrecht

Zugleich ein Beitrag zur Raub- und Beutekunstproblematik

PL ACADEMIC RESEARCH

Bibliografische Information der Deutschen Nationalbibliothek
Die Deutsche Nationalbibliothek verzeichnet diese Publikation in der Deutschen Nationalbibliografie; detaillierte bibliografische Daten sind im Internet über http://dnb.d-nb.de abrufbar.

Umschlaggestaltung:
© Olaf Gloeckler, Atelier Platen, Friedberg

ISSN 0934-1668
ISBN 978-3-631-62997-0

Peter Lang – Frankfurt am Main · Bern · Bruxelles · New York · Oxford · Warszawa · Wien

www.peterlang.de

Für meine Eltern und meinen Bruder Johannes

IN A HUNDRED YEARS

THE FATE OF A THOUSAND FACTORIES WILL BE FORGOTTEN

BUT NOT THE SEIZURE OF A SINGLE TREASURED RELIC.

Douglas Rigby (1944)

Vorwort

Kulturgüter spielen seit jeher in der Geschichte von Staaten und Völkern eine große Rolle. Kunstwerke zeugen von der Blüte eines Gemeinwesens und seinem Reichtum sowie von der Geschicklichkeit und Kunstfertigkeit seiner Menschen. Seit jeher haben siegreiche Truppen Kulturgüter daher im Feindesland zerstört oder als Trophäen mit nach Hause genommen. Mit ihnen konnte man seinen Sieg beweisen, gleichzeitig aber auch die Niederlage oder Unterwerfung des Gegners symbolträchtig dokumentieren. Auch hoffte man, durch die Wegnahme insbesondere von Kultgegenständen den Feind besonders zu treffen, glaubte man doch, ihm damit den Schutz seiner Gottheiten zu nehmen. Bedeutsame Kunstwerke werden bis zum heutigen Tag in kriegerischen Konflikten als Kriegsbeute entwendet, obwohl das Völkerrecht die Kulturgüter unter besonderen Schutz stellt. In der Neuzeit haben europäische Staaten und deren offizielle und inoffizielle Vertreter teilweise mit, teilweise ohne Erlaubnis aus Ländern des südlichen Europa, Afrikas, Asiens und Südamerikas Kunstwerke in europäische oder amerikanische Museen geschafft. Dort gelten sie als Belege für das künstlerische Wirken anderer Völker. Häufig sind Kulturgüter gerade deswegen noch erhalten, weil sie unter höchstem technischem und finanziellem Aufwand in den Museen Europas und Nordamerikas betreut, restauriert, gelagert und ausgestellt werden.

Kunst ist aber auch eine Ware und kann so wie jede andere Ware gekauft und verkauft werden. Der Künstler lebt schließlich in der Regel von dem Verkauf seiner Werke. Der Käufer wird Eigentümer und schmückt damit seine Wohnung oder bereichert seine Sammlung. Herausgabe-Ansprüche des Ursprungslands des Kunstwerks haben in diesem Fall keine Berechtigung. Eine große Rolle spielt aber seit jeher der Kunstraub, etwa in der Form, dass europäische und amerikanische Forscher in fernen Ländern Kunstwerke entdecken und verschleppen oder Kriminelle Kunstwerke aus Museen und Privatwohnungen stehlen, um die Sammelleidenschaft eines reichen, aber anonym bleibenden Sammlers zu befriedigen.

In den Lehrbüchern des Völkerrechts findet man trotz seiner immensen Bedeutung nur selten detaillierte Ausführungen zum Kulturgüterschutz. Das Interesse am Kulturgüterschutz wurde insbesondere nach der Wende des Jahres 1990 geweckt. Die Bundesrepublik Deutschland, aber auch viele Neustaaten erinnerten sich der Kulturgüter ihres Landes und strebten danach, sie nach Möglichkeit wieder in ihren Besitz zu bekommen, um damit kulturelle Hoch-Zeiten eigener Entwicklung belegen zu können. Das Ende des Ost-West-Konflikts und die nun eintretende Phase der Entspannung und der Zusammenarbeit ermunterten Staaten, die Rückgabe von Kriegsbeute zu fordern. Erstarktes Selbstbewusstsein lateinamerikanischer, afrikanischer und asiatischer Länder führte dazu, ganz offen die Rückgabe von entwendeten Kunstschätzen zu verlangen.

Viele Fragen in diesem Zusammenhang bedürfen noch der Klärung. Einen Einblick in die Problematik des Kulturgüterschutzes und der Haftung bei der Verletzung von Normen des Kulturgüterschutzes gibt die vorliegende Arbeit, die als (sechswöchige) Seminararbeit in meinem Seminar zum Völkerrecht entstanden ist und einen lesenswerten Beitrag zum Kulturgüterschutz liefert, gleichzeitig aber auch ein Beleg für die wissenschaftliche Qualifikation des Autors ist.

Marburg, Februar 2013

Professor Dr. Dr. h. c. mult. Gilbert Gornig

Inhaltsverzeichnis

Abkürzungsverzeichnis

AA	Auswärtiges Amt
a. A.	anderer Ansicht
A. A. A.	Association des Auditeurs et Anciens Auditeurs de l'Académie de Droit International
a. a. O.	am angegebenen Ort
Abl.	Amtsblatt
Abs.	Absatz
AFDI	Annuaire Français de Droit International
AJIL	American Journal of International Law
allg.	allgemein(e)
ALR	Allgemeines Landrecht für die preußischen Staaten, gültig ab 01.06.1794
amtl.	amtlich(e)
Anm.	Anmerkung
AnnIDI	Annuaire de l'Institut de Droit International
Art.	Artikel
Aufl.	Auflage
AVR	Archiv des Völkerrechts
Az.	Aktenzeichen
BayVGH	Bayerischer Verwaltungsgerichtshof
Bd.	Band
BEG	Bundesgesetz zur Entschädigung für Opfer der nationalsozialistischen Verfolgung (Bundesentschädigungsgesetz)
Beschl.	Beschluss
Beutekunstgesetz	Bundesgesetz der Russischen Föderation über die infolge des Zweiten Weltkriegs in die UdSSR verbrachten und im Hoheitsgebiet der Russischen Föderation befindlichen Kulturgüter v. 15.04.1998
BGB	Bürgerliches Gesetzbuch
BGBl.	Bundesgesetzblatt
BGH	Bundesgerichtshof

BGHZ	Entscheidungen des Bundesgerichtshofes in Zivilsachen
BT	Deutscher Bundestag
BVerfG	Bundesverfassungsgericht
BVerfGE	Entscheidungen des Bundesverfassungsgerichts
BVerfGK	Kammerentscheidungen des Bundesverfassungsgerichts
BYIL	The British Yearbook of International Law
bzw.	beziehungsweise
C. A.	Court of Appeal(s)
ca.	circa
Cal. LR	California Law Review
c. c.	codice civile (Italien)
C. civ.	Code civile (Frankreich)
Ch. D.	Chancery Division
CHOM	common heritage of mankind
Circ.	Circuit
CLR	The Commonwealth Law Reports, Cases Determined in the High Court of Australia
C. pén.	Code pénal (Frankreich)
D. C.	District Court
DDR	Deutsche Demokratische Republik
Dec.	Decision
ders.	derselbe
d. h.	das heißt
Diss.	Dissertation
DM	Deutsche Mark
Dok.	Dokument
DÖV	Die Öffentliche Verwaltung
Drs.	Drucksache
dt.	deutsche(r)
EArchäoK	Europäisches Übereinkommen zum Schutz archäologischen Kulturguts
EArchitektK	Übereinkommen zum Schutz des architektonischen Erbes Europas

EG	Europäische Gemeinschaften
EGMR	Europäischer Gerichtshof für Menschenrechte
EJIL	European Journal of International Law
EMRK ZP I	Zusatzprotokoll zur Konvention zum Schutze der Menschenrechte und Grundfreiheiten
engl.	englisch(er)
erw.	erweitert(e)
et al.	et alii
EuGRZ	Europäische Grundrechte-Zeitschrift
EWG	Europäische Wirtschaftsgemeinschaft
f.	folgende
F.2d	Federal Reporter, Second Series
ff.	fortfolgende
Fn.	Fußnote
frz.	französisch
FS	Festschrift
GA	General Assembly
GYIL	German Yearbook of International Law
H. C.	High Court
HK-1954	Haager Konvention zum Schutz von Kulturgut bei bewaffneten Konflikten
HK-1954 ZP II	Zweites Protokoll zur Haager Konvention von 1954 zum Schutz von Kulturgut bei bewaffneten Konflikten
h. L.	herrschende Lehre
HLKO	Haager Landkriegsordnung von 1907
HLKO-1899	Haager Landkriegsordnung von 1899
h. M.	herrschende Meinung
Hrsg.	Herausgeber
ibid.	ibidem
ICJ	International Court of Justice (= IGH)
ICJ-Rep.	International Court of Justice, Report of Judgements
ICLQ	The International and Comparative Law Quarterly
i. d. R.	in der Regel

i. e.	id est
i. E.	im Ergebnis
IGH	Internationaler Gerichtshof (= ICJ)
IGH-Statut	Statut des Internationalen Gerichtshofs
ILC	International Law Commission
ILM	International Legal Materials
ILR	International Law Reports
IPO	Instrumentum Pacis Osnabrugensis
IPR	Internationales Privatrecht
IPrax	Praxis des internationalen Privat- und Verfahrensrechts
i. S. d.	im Sinne des
i. S. e.	im Sinne einer/s
IsLR	Israel Law Review
IStGH	Internationaler Strafgerichtshof
IStGH-Statut	Römisches Statut des Internationalen Strafgerichtshofs
i. S. v.	im Sinne von
IsYHR	Israel Yearbook on Human Rights
ital.	italienisch
i. V. m.	in Verbindung mit
IYIL	Italian Yearbook of International Law
JCC	Conference on Jewish Material Claims Against Germany
JRSO	Jewish Restitution Successor Organization
KFOR	NATO-led International Force Responsible for Establishing a Security Presence in Kosovo
km	Kilometer
KMK	Kultusministerkonferenz
KR	Conseil de contrôle en Allemagne / Control Council in Germany / Контрольного совета в Германии / Kontrollrat in Deutschland
krit.	kritisch

KultGüRückG	Gesetz zur Ausführung des UNESCO Übereinkommens vom 14. November 1970 über Maßnahmen zum Verbot und zur Verhütung der rechtswidrigen Einfuhr, Ausfuhr und Übereignung von Kulturgut und zur Umsetzung der Richtlinie 93/7/EWG des Rates vom 15. März 1993 über die Rückgabe von unrechtmäßig aus dem Hoheitsgebiet eines Mitgliedstaats verbrachten Kulturgütern (Kulturgüterrückgabegesetz)
KuR	Kunst und Recht
KZ	Konzentrationslager
lit.	littera(e)
Lit.	Literatur
LKV	Landes- und Kommunalverwaltung
Ltd.	Limited
MStGB	Militärstrafgesetzbuch für das Deutsche Reich
m. w. N.	mit weiteren Nachweisen
NATO	North Atlantic Treaty Organization
n. Chr.	nach Christus
NGO	Nichtregierungsorganisation
NJ	Neue Justiz
NJW	Neue Juristische Wochenschrift
no.	number
Nr.	Nummer
NS	nationalsozialistisch(er)
NVwZ	Neue Zeitschrift für Verwaltungsrecht
NYUJILP	New York University Journal of International Law and Politics
NZWehrR	Neue Zeitschrift für Wehrrecht
OLG	Oberlandesgericht
PCIJ	Permanent Court of International Justice (= StIGH)
Prot.	Protokoll
Q. B. D.	Queen's Bench Division
RBDI	Revue Belge de Droit International

RdC	Recueil des Cours de l'Académie de Droit international de l'Académie de droit international de La Haye
RDI	Rivista di Diritto Internazionale
Rep.	Report
Res.	Resolution
RG	Reichsgericht
RGBl.	Reichsgesetzblatt
RGDIP	Révue Générale de Droit International Public
RGZ	Entscheidungen des Reichsgerichts in Zivilsachen
RHDI	Revue Hellénique de Droit International
RIAA	Report of International Arbitral Awards
RICR	Revue Internationale de la Croix-Rouge
Riv. trim. dir. pubbl.	Rivista trimestrale di diritto pubblico
Rn.	Randnummer
Rspr.	Rechtsprechung
russ.	russisch(er)
S.	Satz
S.	Seite(n)
SAYIL	South African Yearbook of International Law
SBZ	Sowjetische Besatzungszone
Sec.	Section
SED	Sozialistische Einheitspartei Deutschlands
Sess.	Session
sog.	sogenannt(en)
span.	spanisch(er)
SRÜ	Seerechtsübereinkommen der Vereinten Nationen
StGB	Strafgesetzbuch
StIGH	Ständiger Internationaler Gerichtshof (= PCIJ)
st. Rspr.	ständige Rechtsprechung
stv.	stellvertretend(er)
Suffolk TNLR	Suffolk Transnational Law Review
u. a.	unter anderem
überarb.	überarbeitet(e)

UN	United Nations
UNESCO	United Nations Educational, Scientific and Cultural Organization
UNESCO-KHandelK	Übereinkommen über Maßnahmen zum Verbot und zur Verhütung der rechtswidrigen Einfuhr, Ausfuhr und Übereignung von Kulturgut
UNIDROIT	Institut international pour l'unification du droit privé
UNIDROIT-KHandelK	UNIDROIT Convention on Stolen or Illegaly Exported Cultural Objects
UNMIK	United Nations Interim Administration Mission in Kosovo
Urt.	Urteil
U.-S.	United States
U. S. A.	United States of America
v.	versus / vom / von
Verf.	Verfasser
vgl.	vergleiche
VN	Vereinte Nationen
VN-Charta	Charta der Vereinten Nationen
WEK	Übereinkommen zum Schutz des Kultur- und Naturerbes der Welt (Welterbe-Konvention)
WLR	The Weekly Law Reports
WStG	Wehrstrafgesetz
YIHL	Yearbook of International Humanitarian Law
ZaöRV	Zeitschrift für ausländisches öffentliches Recht und Völkerrecht
z. B.	zum Beispiel
ZGB	Zivilgesetzbuch (Schweiz)
Ziff.	Ziffer
zit.	zitiert
ZOV	Zeitschrift für offene Vermögensfragen
ZP I	Zusatzprotokoll zu den Genfer Abkommen vom 12.08.1949 über den Schutz der Opfer internationaler bewaffneter Konflikte (Protokoll I)

ZP II	Zusatzprotokoll zu den Genfer Abkommen vom 12.08.1949 über den Schutz der Opfer nicht internationaler bewaffneter Konflikte (Protokoll II)
ZUR	Zeitschrift für Umweltrecht
ZVglRWiss	Zeitschrift für vergleichende Rechtswissenschaft

Erster Abschnitt: Einführung in die Problematik

„Keine historische Kränkung ist so langlebig und verursacht so viel gerechtfertigte Verbitterung wie die aus welchem Grund auch immer erfolgende Wegnahme eines Teils des kulturellen Erbes einer Nation.“[1]

Mit diesem Satz bringt *Blumenwitz* das Motiv auf den Punkt, das die Völkerrechtslehre im 19. Jahrhundert zu einer Ächtung der Jahrtausende alten Praxis, kulturelle Stätten und Besitztümer zu plündern oder gar zu zerstören, veranlasste.[2] Seit der Antike ist die völlige Zerstörung gegnerischer Städte und Kulturstätten ein Mittel gewesen, unterlegene Völker zu demütigen und die eigene Macht zu demonstrieren. Die Römer straften so Völker, die sich der römischen Herrschaft widersetzten. So geschah es 70 n. Chr. mit der völligen Zerstörung Jerusalems und des Tempels durch den römischen Feldherrn und späteren Kaiser Titus als Reaktion auf den jüdischen Zeloten-Aufstand. Noch heute ist in Rom auf dem Titus-Bogen zu sehen, wie der siebenarmige Leuchter als Beutegut durch die Stadt getragen wird.

Die Zerstörung des Tempels hat die Geschichte des Judentums bis heute geprägt. Im Deutschen findet die Trauer über seinen Verlust in der Bezeichnung „Klagemauer“ für den einzig verbliebenen Rest, die westliche Außenmauer, ihren Ausdruck.[3] Die Wichtigkeit verbindlicher völkerrechtlicher Kulturgüterschutzbestimmungen wird am Beispiel des Jerusalemer Tempels vor allem deshalb deutlich, weil heute verständliche Hoffnungen des jüdischen Volkes auf einen neuen Tempel mit den nicht minder berechtigten Forderungen der Muslime nach dem Erhalt und Schutz von Felsendom und Al-Aqsa-Moschee kollidieren.

Trotz inzwischen zahlreicher völkerrechtlicher Verbote, explizit beispielsweise durch Art. 56 HLKO[4], bleibt die Verletzung fremden Kulturguts traurige Realität: Aus der jüngeren Vergangenheit seien an die Zerstörung der Altstadt von Dubrovnik und der Brücke von Mostar im Jugoslawien-Krieg erinnert.[5] In

---

1 *Blumenwitz*, in: FS Ress, S. 3.

2 Zu dieser Entwicklung ausführlich *Fiedler*, in: FS Doehring, S. 199 [203 ff.].

3 Im Englischen und Französischen ist dagegen in Anlehnung an das hebräische Original („הכותל המערבי“) von „Western Wall“ bzw. „Mur occidental“ die Rede.

4 Haager Landkriegsordnung, Anlage zu dem Abkommen, betreffend die Gesetze und Gebräuche des Landkrieges vom 18.10.1907, RGBl. 1910, S. 107.

5 *Toman*, in: *Woudenberg/Lijnzaad*, Protecting Cultural Property in Armed Conflict, S. 10: „symbols of the total failure of protection“.

den Wirren des Irakkriegs sind dem Nationalmuseum in Bagdad zahlreiche Kulturgüter von Weltrang abhanden gekommen.[6]

Dies wirft die Frage nach einer Haftung der Staaten für Verletzungen von Kulturgüterschutzbestimmungen auf. Denn oft führt deren Verletzung zu anhaltend rechtswidrigen Zuständen. Wie sich im Laufe des Dritten Abschnitts zeigen wird, ist dies insbesondere bei der Raub- und Beutekunst aus dem Zweiten Weltkrieg der Fall. Damals hatten sowohl das nationalsozialistische Deutschland als auch die Sowjetunion in großem Maße Kulturgüter verschleppt. Die daraus entstandenen Rechtsprobleme wirken bis in die Gegenwart hinein. Völkerrechtliche Haftungsansprüche haben diesbezüglich die Funktion, rechtswidrige Zustände zu beenden.

Daneben dienen sie jedoch auch der Sanktionierung völkerrechtswidrigen Verhaltens. Denn die persönliche völkerstrafrechtliche Verantwortlichkeit sanktioniert zwar mittlerweile Verletzungen von Kulturgüterschutzbestimmungen im Krieg,[7] deckt damit aber noch längst nicht alle denkbaren Verletzungen von Kulturgüterschutzbestimmungen ab.

Im März 2001 etwa ließ das damals in Afghanistan herrschende Taliban-Regime zum Entsetzen der Weltöffentlichkeit die aus dem 6. Jahrhundert stammenden, 35 und 53 Meter hohen Buddha-Statuen von Bamiyan sprengen. Völkerrechtliche Untersuchungen sind zu dem Ergebnis gekommen, dass es sich hierbei um einen Völkerrechtsbruch handelte.[8] Verneint man hier das Vorliegen eines bewaffneten Konflikts, fehlt es für eine völkerstrafrechtliche Verantwortlichkeit der Täter an dieser Voraussetzung.[9] Haftungsansprüche bleiben dann als einzige Sanktionsmöglichkeit des Völkerrechts übrig.

Deshalb sollen in dieser Abhandlung die Voraussetzungen und Rechtsfolgen völkerrechtlicher Haftung für die Verletzung der Bestimmungen des Kulturgüterschutzes systematisch untersucht werden. Zunächst wird dabei der Frage nachgegangen, was unter dem Begriff Kulturgut überhaupt zu verstehen ist (Zweiter Abschnitt). Sodann werden am Beispiel der Verschleppung von Kulturgütern die Voraussetzungen und Rechtsfolgen eines Haftungsanspruchs exemplarisch dargelegt (Dritter Abschnitt), bevor die Besonderheiten weiterer Fallkonstellationen untersucht werden (Vierter Abschnitt). Abschließend werden

---

6 *Bogdanos*, in: *Nafziger/Nicgorski*, Cultural Heritage Issues, S. 223.

7 Siehe Art. 8 Abs. 2 lit. b) ix) bzw. e) iv) IStGH-Statut – Römisches Statut des Internationalen Strafgerichtshofs vom 17.07.1998, BGBl. 2000 II, S. 1394.

8 *Goy*, RGDIP 109 (2005), S. 273 [276 ff.].

9 Diese Voraussetzung ergibt sich nach allgemeiner Ansicht aus dem Verweis in Art. 8 IStGH-Statut auf die Vorschriften des humanitären Völkerrechts, vgl. nur *Safferling*, Internationales Strafrecht, Rn. 131.

die wesentlichen Untersuchungsergebnisse thesenhaft zusammengefasst (Fünfter Abschnitt).

Zweiter Abschnitt: Zum Begriff „Kulturgut"

Zunächst gilt es zu untersuchen, welche Objekte überhaupt vom Kulturgüterschutz geschützt werden. Denn nur bei Vorliegen eines Kulturgutes i. S. d. einschlägigen völkerrechtlichen Bestimmungen können völkerrechtliche Primärpflichten aus Kulturgüterschutzbestimmungen verletzt sein und somit sekundäre Haftungsansprüche bestehen. Deshalb soll hier zunächst geklärt werden, was unter dem Begriff „Kulturgut" zu verstehen ist.

A. Einheitlichkeit des Begriffs

Auch wenn die in den unterschiedlichen Konventionen niedergelegten Definitionen mitunter leicht voneinander abweichen,[10] spricht doch vieles für einen einheitlichen Begriffskern.[11]

Eine einheitliche Definition schafft Rechtssicherheit und führt die einzelnen Schutzinstrumente zu einem Gesamtregime zusammen, das bestimmte Objekte als Kulturgüter schützt. Eine einheitliche Auslegung des Begriffs Kulturgut trägt somit auch zur Rechtsschutzeffektivität bei.

Ziel sollte dabei ein möglichst umfassender Schutz aller Kulturgüter sein. Da dies Sinn und Zweck aller völkerrechtlichen Bestimmungen zum Kulturgüterschutz ist, lässt sich eine extensive Auslegung an den Stellen, an denen einzelne Konventionen ihrem Wortlaut nach einen engeren Begriff des Kulturguts haben, mit dem völkerrechtlichen Auslegungsprinzip des *effet utile* rechtfertigen.[12]

---

10 Vgl. *Kilian*, NZWehrR 1983, S. 41 [51], zu den Unterschieden zwischen der HLKO und der Haager Konvention von 1954.

11 Vorschläge zur allgemeinen Definition des Begriffs „Kulturgut", losgelöst von einzelnen völkerrechtlichen Bestimmungen, finden sich u. a. bei *Gornig*, in: *Gornig/Horn/Murswiek*, Kulturgüterschutz, S. 17 ff.; *Fechner*, in: *Fechner/Oppermann/Prott*, Prinzipien des Kulturgüterschutzes, S. 11 [17 ff.]; *Buguslavsky*, in: *Dolzer/Jayme/Mußgnug*, Rechtsfragen des internationalen Kulturgüterschutzes, S. 3 [5 ff.].

12 Grundsatz *Ut res magis valeat quam pereat*, von Rechtsprechung und Literatur gleichermaßen anerkannt, vgl. ICJ, *Fisheries Jurisdiction Case* (Spanien v. Kanada), Urt. v. 4.12.1998, ICJ-Rep. 1998, S. 432, § 52; *Cassese*, International Law, S. 179.

B. Legaldefinitionen in völkerrechtlichen Konventionen

Zur Annäherung an eine allgemeine Definition des Begriffs „Kulturgut“ sollen zunächst die Texte einschlägiger völkerrechtlicher Übereinkommen herangezogen werden.

I. Haager Landkriegsordnung von 1907

Die HLKO geht in zwei Vorschriften direkt auf Kulturgüter ein: Zum einen regelt Art. 27 HLKO den Schutz von Kulturgütern bei Belagerungen und Beschießungen, zum anderen Art. 56 HLKO die Behandlung gewisser Kulturgüter im Falle der Besetzung.

Keine der beiden genannten Vorschriften enthält eine Legaldefinition im eigentlichen Sinne. Vielmehr werden einzelne Kulturgüter aufgezählt, die besonders geschützt sind. Art. 27 HLKO schützt ausschließlich Immobilien, nämlich „die dem Gottesdienste, der Kunst, der Wissenschaft und der Wohltätigkeit gewidmeten Gebäude, die geschichtlichen Denkmäler“. Diese Aufzählung geht einerseits sehr weit, weil sie z. B. Gotteshäuser unabhängig von ihrem tatsächlichen kulturhistorischen Wert schützt. Andererseits bleiben schützenswerte Kulturgüter wie archäologische Ausgrabungsstätten ausgeklammert.

Art. 56 HLKO enthält ebenfalls eine enumerative Aufzählung schützenswerter Anlagen, die der aus Art. 27 HLKO entspricht. Darüber hinaus ist die Beschlagnahme von „Werken der Kunst und Wissenschaft“ untersagt. Im Gegensatz zu Art. 56 HLKO kann dieser Passus auch auf bewegliche Gegenstände bezogen werden.

II. Haager Konvention zum Schutz von Kulturgut bei bewaffneten Konflikten von 1954

Die Haager Konvention von 1954[13] enthält in ihrem Art. 1 eine Legaldefinition. Diese umfasst drei Gruppen von Kulturgütern:

Hauptgruppe ist gemäß Art. 1 lit. a) HK-1954 „bewegliches oder unbewegliches Gut, das für das kulturelle Erbe aller Völker von großer Bedeutung ist“. Freilich lassen die authentischen Texte nicht eindeutig erkennen, ob das Gut für

13 Haager Konvention zum Schutz von Kulturgut bei bewaffneten Konflikten v. 14.05.1954, BGBl. 1967 II, S. 1233 (im Folgenden: HK-1954).

jedes einzelne Volk von besonderer Bedeutung sein muss, wie es der englische[14] und der russische[15] Text andeuten, oder ob bereits die besondere Bedeutung für die *Gesamtheit der Völker* genügt, wie es der französische[16] und der spanische[17] Text nahelegen.

Da es gerade typisch für viele Kulturgüter ist, dass sie in besonderer Weise mit einer Nation verbunden sind,[18] würde es den Kulturgüterschutz zu sehr verkürzen, wenn dieser nur für jene wenigen Kulturgüter griffe, die für alle Völker eine gleich wichtige Bedeutung haben. Art. 1 lit. a) HK-1954 muss vielmehr im Zusammenhang mit der Präambel gelesen werden. Diese führt in ihrem zweiten Erwägungsgrund unzweideutig aus, „daß jede Schädigung von Kulturgut, gleichgültig welchem Volke es gehört, eine Schädigung des kulturellen Erbes der ganzen Menschheit bedeutet“[19]. Folglich ist Art. 1 lit. a) HK-1954 dahingehend zu verstehen, dass jedes Kulturgut, das auch nur für *ein* Volk von besonderer Bedeutung ist, zugleich Bedeutung für die gesamte Menschheit hat und somit der Legaldefinition unterfällt.[20] Freilich ist ein herausgehobener Bedeutungsgrad erforderlich, damit aus der besonderen Bedeutung für ein Volk zugleich auch die Bedeutung für die Gesamtheit der Völker folgt. Eine nur regionale Bedeutung reicht nicht aus.[21]

Die zwei weiteren Gruppen von Kulturgütern, die von Art. 1 HK-1954 benannt werden, haben gegenüber der soeben beschriebenen Hauptgruppe nur eine untergeordnete Bedeutung. Sie betreffen die Baulichkeiten, die Kulturgüter der Hauptgruppe beherbergen (Art. 1 lit. b), also beispielsweise Museen, Bibliotheken oder Archive, sowie Orte, die in beträchtlichem Umfang Kulturgüter i. S. d. zuerst genannten Gruppen aufweisen (Art. 1 lit. c).

Der Quantensprung der Legaldefinition von Art. 1 HK-1954 gegenüber der HLKO besteht darin, dass erstere anstelle einer reinen Aufzählung Kulturgüter

---

14 „a movable or immovable property of great importance to the cultural heritage *of every people*“, Hervorhebung durch den Verf.

15 „ценности, движимые или недвижимые, которые имеют большое значение для культурного наследия *каждого народа*“, Hervorhebung durch den Verf.

16 „les biens, meubles ou immeubles ; qui présentent une grande importance pour le patrimoine culturel *des peuples*“, Hervorhebung durch den Verf.

17 „los bienes, muebles o inmuebles, que tengan una gran importancia para el patrimonio cultural *de los pueblos*“, Hervorhebung durch den Verf.

18 Am Beispiel der amerikanischen Freiheitsglocke *Merrymann*, Cal. LR 77 (1987), S. 339 [342].

19 Die Rechtschreibung folgt der amtlichen deutschen Übersetzung. Die Schutzwürdigkeit der Kultur aller Staaten betont auch *Nahlik*, Annuaire de l'A. A. A. 37/38 (1967/68), S. 156 [158].

20 *Hönes*, DÖV 1998, S. 985 [988].

21 *Mußgnug*, in: FS Jeserich, S. 333 [338].

allgemein definiert. Allerdings ist das Kriterium der besonderen Bedeutung ein nicht näher umrissener unbestimmter Rechtsbegriff, der nur durch eine Aufzählung von Regelbeispielen ausgefüllt wird.

III. Welterbe-Konvention der UNESCO

Die Welterbe-Konvention der UNESCO[22] knüpft in ihrer Legaldefinition des Kulturguts in Art. 1 WEK an die Hauptgruppe der HK-1954 an. Allerdings verwendet sie, anders als die beiden zuvor behandelten Verträge, nicht den Begriff des „Kulturguts", sondern den des „Kulturerbes". Die Legaldefinition zeigt aber, dass materiell das Gleiche gemeint ist.

Die WEK unterscheidet drei Gruppen von Kulturgütern, nämlich Denkmäler, Ensembles und Stätten. Genauso wie in der HK-1954 wird auch in der WEK das Merkmal der besonderen Bedeutung mit Regelbeispielen verknüpft. Die WEK präzisiert das Kriterium der besonderen Bedeutung, die sich aus „geschichtlichen, künstlerischen oder wissenschaftlichen Gründen" ergeben kann. Gleichzeitig wird so der Begriff des Kulturguts erweitert. Er umfasst somit auch solche Stätten, die zwar nicht „schön", aber als exemplarische Beispiele für die Lebensweise früherer Zeiten aus geschichtlichen und wissenschaftlichen Gründen von besonderem Interesse sind, beispielsweise Industriedenkmäler.[23]

In der Öffentlichkeit versteht man unter dem Begriff „UNESCO-Weltkulturerbe" jene Stätten, die im offiziellen Verzeichnis der UNESCO gemäß Art. 11 Abs. 2 WEK als Kulturerbe eingetragen sind. Nur zur Klarstellung sei darauf hingewiesen, dass die Aufnahme in das Verzeichnis keine Voraussetzung für völkerrechtlichen Schutz ist. Art. 11 Abs. 1 S. 2 WEK legt ausdrücklich fest, dass das Verzeichnis nicht als erschöpfend anzusehen ist.[24]

---

22 Übereinkommen zum Schutz des Kultur- und Naturerbes der Welt (Welterbe-Konvention) v. 23.11.1972, BGBl. 1972 II, S. 213 (im Folgenden: WEK).

23 Seit 2001 ist die Zeche „Zollverein", ein ehemaliges Steinkohle-Bergwerk, ein offiziell gemäß Art. 11 Abs. 2 des Übereinkommens verzeichnetes UNESCO-Weltkulturerbe.

24 *Brenner*, Suffolk TNLR, S. 237 [246]; a. A. *Jote*, Legal Protection of Cultural Heritage, S. 246 f.

IV. Zwischen-Résumé: Definitionstechnik völkerrechtlicher Legaldefinitionen des Begriffs „Kulturgut“ bzw. „Kulturerbe“

Die genannten Beispiele zeigen, dass sich inzwischen für die Legaldefinition des Begriffs „Kulturgut“ bzw. „Kulturerbe“ die Technik durchgesetzt hat, Regelbeispiele für bewegliche und unbewegliche Gegenstände mit dem Kriterium der besonderen Bedeutung für die Völkergemeinschaft zu verknüpfen. Das Kriterium der besonderen Bedeutung ist im UNESCO-Übereinkommen zum Welterbe durch den Verweis auf geschichtliche, künstlerische oder wissenschaftliche Gründe präzisiert worden, bleibt aber dennoch ein unbestimmter Rechtsbegriff.

C. Definitionsvorschläge der Literatur

In der Literatur gibt es zahlreiche Bemühungen, die Formel von der besonderen Bedeutung zu klären und damit den Begriff des Kulturguts zu definieren.

I. Ansatz von *Gornig*

Zutreffend weist *Gornig* darauf hin, dass neben dem klassischen Kulturgutbegriff eines stofflichen Etwas auch der Schutz immaterieller Kulturgüter in Betracht kommt.[25] Freilich müssen beide Begriffe voneinander getrennt betrachtet werden, da für beide Arten von Kulturgütern völlig unterschiedliche Schutzmechanismen greifen. Hier soll es bei der Untersuchung der Verletzung materieller Kulturgüter bleiben.

Gornig setzt sich für einen möglichst umfassenden Kulturgüterschutz ein, indem er deutlich macht, dass es weder auf die Eigenschaft als mobile oder immobile Sache[26] noch auf deren Alter,[27] noch nicht einmal auf deren Originalqualität[28] ankommt.

Tatsächlich bezog sich der konventionale Kulturgüterschutz nur zu Beginn ausschließlich auf unbewegliche Kulturgüter, dehnte sich dann aber auch auf bewegliches Kulturgut aus. Zuzustimmen ist *Gornig* auch darin, dass dem Alter zwar eine Bedeutung für die Bestimmung des kulturellen Wertes zukommen

---

25 *Gornig*, in: *Gornig/Horn/Murswiek*, Kulturgüterschutz, S. 21.

26 *Gornig*, a. a. O., S. 22, 24.

27 *Gornig*, a. a. O., S. 26 f.

28 *Gornig*, a. a. O., S. 27 f.

kann, dass aber auch zeitgenössische Gegenstände, insbesondere aus dem Bereich der Kunst, von Anfang an einen solch hohen Wert haben können, dass sie dem Kulturgüterschutz unterfallen sollten. Deshalb ist das Alter als konstitutives Element für ein Kulturgut ungeeignet.[29]

Zu Recht weist *Gornig* schließlich darauf hin, dass auch Reproduktionen im Einzelfall[30] ein besonderer kultureller Wert zukommt.

II. Ansatz von *Fechner*

Fechner befasst sich mit der Frage, ob das Merkmal der besonderen Bedeutung subjektiv oder objektiv zu bestimmen ist.[31]

Eine Möglichkeit subjektiver Bestimmung läge darin, es den einzelnen Staaten zu überlassen, welche Kulturgüter sie als besonders wertvoll und somit schützenswert erachten. In diesem Sinne hält *Mußgnug* sogar im Kriegsvölkerrecht die betroffenen Staaten selbst, also die kriegführenden Parteien, für berufen, über die Eigenschaft als Kulturgut zu befinden, da nur sie mangels eines internationalen Richters über die Auslegung der Konvention richteten.[32]

Diese Überlegung trägt aber nicht: Es ist eben nicht den Rechtssubjekten anheimgestellt, Rechtspflichten nach ihrem Gutdünken auszulegen. Die Konkretisierung unbestimmter Rechtssätze ist gerade Aufgabe von Rechtsprechung und Rechtswissenschaft. Soweit sich *Mußgnug* auf das Fehlen eines Sanktionsregimes beruft, übersieht er, dass Verletzungen völkerrechtlicher Pflichten Haftungsansprüche auslösen können, die – unter gewissen prozessualen Voraussetzungen – auch vor internationalen Gerichten durchsetzbar sind.

Es ist daher Aufgabe der Rechtslehre, unter Umständen auch der Richter des IGH oder sogar des IStGH, den Begriff des Kulturguts auszulegen. Selbst wenn einzelne Klauseln in völkerrechtlichen Verträgen, etwa die von der militärischen

---

29 Ebenso *Pabst*, Kulturgüterschutz in nicht-internationalen bewaffneten Konflikten, S. 46 m. w. N.; a. A. *Frigo*, Protezione dei beni culturali, S. 26 f.; für ein Kriterium, das nicht nach konkretem Alter, sondern nach der Zugehörigkeit zu einer Epoche unterscheidet: *v. Schorlemer*, Kulturgüterschutz, S. 75 f.

30 Als Beispiel seien die Mikrofilme genannt, die im Oberriederer Stollen in der Nähe von Freiburg einlagern. Es handelt sich um Reproduktionen von bedeutenden Dokumenten über die deutsche Geschichte und Kultur. Im Falle eines Verlusts der Originale bliebe zumindest der Informationswert erhalten. Beispielsweise wurde der Inhalt von Dokumenten „gerettet“, die beim Einsturz des Kölner Stadtarchivs 2009 verloren gingen. Der Barbara-Stollen ist bislang das einzige Kulturgut in Deutschland, das unter dem Sonderschutz des Art. 8 Abs. HK-1954 steht.

31 *Fechner*, in: *Fechner/Oppermann/Prott*, Prinzipien des Kulturgüterschutzes, S. 22 ff.

32 *Mußgnug*, in: FS Jeserich, S. 339.

Notwendigkeit, auf einen *Ermessens*spielraum hindeuten, würde doch der Kulturgüterschutz ausgehöhlt, wenn die Staaten auch noch einen *Beurteilungs*spielraum hinsichtlich der Eigenschaft als Kulturgut hätten.

Dem folgt auch *Fechner*, der zutreffend die Kriterien Alter, ästhetischer Gehalt und Erkenntniswert als Indizien nennt, die zwar nicht kumulativ vorliegen müssen, aber immerhin Anhaltspunkte für eine Einzelfallabwägung bieten können.[33]

III. Ansatz von *v. Schorlemer*

Einige Autoren bestreiten, dass eine einheitliche Definition des Begriffs Kulturgut überhaupt gelingen könne. Stellvertretend für sie sei auf *v. Schorlemer* hingewiesen, die im Anschluss an eine Untersuchung verschiedener Kriterien[34] zu dem Schluss kommt, die Vielzahl völkerrechtlicher Verträge enthalte zu unterschiedliche Definitionen, als dass eine einheitliche Definition möglich wäre.[35]

Dem ist insoweit zuzustimmen, als nicht jede völkerrechtliche Schutzregel sich zugleich auf alle Kulturgüter bezieht: Der Schutz vor illegaler Ausfuhr kann notwendigerweise nur bewegliche Kulturgüter erfassen. Trotzdem bleibt es dabei, dass es einen Oberbegriff des Kulturguts gibt, für den sich nach den Konzeptionen der einschlägigen völkerrechtlichen Übereinkünfte letztlich stets die Frage stellt, ob das Objekt eine besondere historische, künstlerische oder wissenschaftliche Bedeutung hat.

D. Eigener Definitionsvorschlag

Eine allgemeine Definition muss sich zunächst an den gegebenen Legaldefinitionen orientieren und damit deren Regelungstechnik aufgreifen. Kulturgut ist demnach jeder körperliche Gegenstand, ob beweglich oder unbeweglich, der eine besondere historische, künstlerische oder wissenschaftliche Bedeutung für die Menschheit als Ganzes hat.

Um den unbestimmten Rechtsbegriff der „besonderen Bedeutung“ mit Substanz zu füllen, ist ein Blick auf die *Funktionen* von Kulturgütern hilfreich, denn diese erklären zugleich den Geltungsgrund des völkerrechtlichen Kulturgüterschutzes. Es geht also um die Frage: Warum sind Kulturgüter überhaupt schützenswert?

---

33 *Fechner*, in: *Fechner/Oppermann/Prott*, Prinzipien des Kulturgüterschutzes, S. 23.

34 *v. Schorlemer*, Kulturgüterschutz, S. 46 ff.

35 *v. Schorlemer*, a. a. O., S. 82.

Dieser Frage ist bisher nicht die ihr gebührende Beachtung geschenkt worden.[36] Dabei ermöglicht gerade die Beantwortung der Frage, *warum* Kulturgüter schützenswert sind, klare Kriterien für die Auswahl, *welche* Objekte diesen Schutz genießen sollen.

I. Die Ursachen des öffentlichen Interesses an Kulturgütern

Im juristischen Schrifttum ist, soweit ersichtlich, die Abhandlung *Merrymans*[37] die einzige, die sich ausschließlich mit der Frage nach dem Geltungsgrund des Kulturgüterschutzes beschäftigt. Ausgehend von der empirischen Erkenntnis, dass Kulturgüter für Millionen von Menschen einen hohen Stellenwert genießen,[38] ermittelt *Merryman* eine Reihe von Ursachen für das öffentliche Interesse an Kulturgütern:

Zunächst befriedigen sie die menschliche Faszination für Authentizität und Originalität.[39] Auch wenn es, wie ausgeführt, zu eng wäre, nur Originale unter den Kulturgüterschutz fallen zu lassen, so ist *Merryman* doch zuzugeben, dass Kopien stets nur am zweitbesten sein können. Dies unterstreicht die besondere Bedeutung eines Schutzes originaler Güter.

Außerdem sind kulturelle Objekte die Basis für ein kollektives Gedächtnis.[40] Der Mensch hat nicht nur ein Bedürfnis nach individueller Erinnerung, sondern, wie das Interesse an historischen Ausstellungsstücken jedweder Art belegt, auch nach „Erinnerung" vergangener Epochen und Lebensweisen, selbst oder gerade dann, wenn er sie selbst nie erlebt hat.

Weiterhin sind Kulturgüter Symbole des Überlebens: *„Life may be short, but art is long."*[41] Dieser Punkt sollte nicht unterschätzt werden: Das Verlangen, durch eigenes Schaffen Spuren auf der Welt zu hinterlassen, war seit jeher Ansporn für Menschen, Außergewöhnliches zu schaffen. Die Bewahrung des Au-

36 Dies beklagend auch *Horn*, in: *Gornig/Horn/Murswiek*, Kulturgüterschutz, S. 121 [128].

37 *Merryman*, Cal. LR 77 (1989), S. 339 ff.; beachte aber auch die in eine ähnliche Richtung gehenden Ausführungen von *Müller*, in: *Fechner/Oppermann/Prott*, Prinzipien des Kulturgüterschutzes, S. 257 [258 f.].

38 *Merryman* verweist u. a. auf Millionen von Museumsbesuchern, auf die Bedeutung des Kunsthandels und die wissenschaftlichen Disziplinen, die sich mit Kulturgütern beschäftigen, a. a. O., S. 343.

39 *Merryman*, a. a. O., S. 346.

40 *Merryman*, a. a. O., S. 347.

41 *Merryman*, a. a. O., S. 347 f.

ßergewöhnlichen ist daher Voraussetzung dafür, dass auch in Zukunft solches geschaffen wird. Begünstigt wird die Bewahrung außergewöhnlicher Werke durch ein Gefühl des Respekts, das wir ihnen entgegenbringen, von *Merryman* Pathos genannt.[42]

Die fünfte von *Merryman* benannte Ursache des kulturellen Interesses ist das Verlangen nach Identität.[43] Indem Kulturgüter Informationen über die Vergangenheit enthalten, sagen sie zugleich etwas über unser Selbst aus, tragen zu unserer Selbstvergewisserung bei.

Das Verlangen nach Identität hängt somit eng mit der sechsten und letzten von *Merryman* ausgemachten Ursache unseres Interesses für Kulturgüter zusammen: unserem Verlangen nach Gemeinschaft.[44] In Kulturgütern materialisiert sich die Geschichte von Völkern; sie machen unsere Geschichte damit erlebbar, oder, wie *Gornig* formuliert, sie spiegeln „die Seele eines Volkes wider“[45]. Damit tragen sie maßgeblich zu einem Zusammengehörigkeitsgefühl bei, sei es auf regionaler, nationaler oder höherer, z. B. europäischer Ebene.[46]

II. Ein funktional-empirischer Definitionsvorschlag

Legt man die Ursachen des öffentlichen Interesses an Kulturgütern für eine Definition des Begriffs zugrunde, ergibt sich somit, dass ein Gut dann von besonderer historischer, künstlerischer oder wissenschaftlicher Bedeutung ist, wenn es ein öffentliches Bedürfnis nach Originalität, Erinnerung an frühere Epochen, Bewahrung außergewöhnlicher Werke, Erkenntnis über die eigene Identität und Herkunft bzw. gemeinsame kulturelle Wurzeln erfüllt.[47]

Diese konkreten Kriterien widerlegen den Einwand, eine Definition des Begriffs Kulturgut könne sich nur in Tautologien verlieren.[48] Um letzte Zweifel zu zerstreuen, soll der hier vertretenen Definition aber noch ein entscheidender zweiter Aspekt hinzugefügt werden, der sie von früheren Definitionsversuchen grundlegend unterscheidet: der empirische.

---

42 *Merryman*, a. a. O., S. 348.

43 *Merryman*, a. a. O., S. 349.

44 *Merryman*, ibid.

45 *Gornig*, in: *Gornig/Horn/Murswiek*, Kulturgüterschutz, S. 29.

46 So auch *Horn*, in: *Gornig/Horn/Murswiek*, Kulturgüterschutz, S. 128.

47 Ähnlich *Müller*, in: *Fechner/Oppermann/Prott*, Prinzipien des Kulturgüterschutzes, S. 260, der von einer funktionalen Definition spricht.

48 So *Mußgnug*, in: FS Jeserich, S. 339.

Merryman wies bereits auf die empirische Evidenz eines Interesses an Kulturgütern hin.[49] Dieser Aspekt lässt sich auch für die Definition des Begriffs „Kulturgut" selbst fruchtbar machen: Geeignet, das öffentliche Interesse an Kulturgütern zu befriedigen, sind offenbar diejenigen Gegenstände, die tatsächlich Gegenstand eines öffentlichen Interesses sind.

Für die Pyramiden von Giseh, die Altstadt von Jerusalem oder die Mona Lisa ist dieses öffentliche Interesse evident. Zahllose wissenschaftliche und populärwissenschaftliche Bücher, die Behandlung im Schulunterricht weltweit sowie das Interesse von Millionen Touristen sind ein Beleg dafür. Doch auch für Kulturgüter der zweiten und dritten Reihe eignet sich das Kriterium des tatsächlichen öffentlichen Interesses. Dieses äußert sich eben in der Bekanntheit eines Kulturguts, sei es auch nur in den Fachkreisen der Wissenschaft, sei es als Gegenstand touristischen Interesses. Selbst das tatsächliche öffentliche Interesse für Kulturgüter in Privatbesitz ist anhand des Marktwertes eines Werkes auf dem Kunstmarkt durchaus messbar.

Gegenstände, die, obwohl bekannt i. S. v. nicht unentdeckt, keinerlei öffentliches Interesse, weder in Fach- noch in allgemeinen Kreisen, zu erwecken vermögen, haben dagegen auch keine besondere historische, künstlerische oder wissenschaftliche Bedeutung, denn diese Bedeutung äußert sich gerade in dem Interesse an ihnen.

Die von *Mußgnug* aufgeworfene *Quis-Iudicabit*-Frage ist somit dahin zu beantworten, dass die Entscheidung nicht etwa bei den Vertragsparteien liegt, schon gar nicht bei den Kriegsparteien eines bewaffneten Konflikts,[50] sondern bei der allgemeinen und spezifischen Öffentlichkeit:

Kulturgüter sind körperliche, bewegliche oder unbewegliche Gegenstände, denen aufgrund eines empirisch feststellbaren Interesses an ihnen in der allgemeinen oder fachspezifischen Öffentlichkeit eine besondere historische, künstlerische oder wissenschaftliche Bedeutung zukommt.

---

49 *Merryman*, Cal. LR 77 (1989), S. 343.

50 So aber *Mußgnug*, in: FS Jeserich, S. 339.

Dritter Abschnitt: Völkerrechtliche Haftung von Staaten am Beispiel der Verschleppung von Kulturgut

Der Zweite Weltkrieg war Anlass mannigfaltiger Verletzungen von Kulturgüterschutzbestimmungen. Zunächst war es das deutsche Kommando „Rosenberg", das in persönlichem Auftrag Hitlers, der Trophäen für sein geplantes Führermuseum in Linz suchte, die in Osteuropa besetzten Gebiete systematisch nach kulturellen Schätzen durchkämmte.[51] Viele der so nach Deutschland gelangten kulturellen Schätze sind bereits unmittelbar nach Kriegsende in ihre Heimatländer zurückgekehrt. Andere Werke, vor allem Raubkunst, befinden sich, oft über Umwege, immer noch im Besitz deutscher Museen oder in Privatbesitz.

Nicht anders als Deutschland verhielt sich die Sowjetunion nach der Besetzung Deutschlands: Stalin plante ein gigantisches Museum in Moskau, das in seiner Bedeutung den Louvre und den Prado noch überragen sollte.[52] Zu diesem Zweck schickte er „Trophäenkommissionen" nach Deutschland, die systematisch wertvollstes Kulturgut abtransportierten.

Zwar kam es letztlich nicht zur Errichtung des Museums. Doch nur ein Teil der Kriegsbeute wurde später an die DDR zurückgegeben, z. B. der Pergamon-Fries. Immer noch befinden sich aber ca. 200.000 Kunstwerke, 2 Millionen Bücher und 3 km Archivgut in russischem Besitz, darunter eine Gutenberg-Bibel, 74 Meisterwerke impressionistischer und post-impressionistischer Kunst sowie der von *Schliemann* entdeckte Schatz des Priamos.[53] 1998 wurde von Russland ein Beutekunstgesetz[54] erlassen, das die erbeuteten deutschen Kulturgüter zu russischem Staatseigentum erklärt.[55]

Die nach wie vor noch nicht vollständig aufgearbeiteten Raubzüge des nationalsozialistischen Deutschlands, vor allem aber die beständige Weigerung Russlands, die von der Sowjetunion verschleppten deutschen Kulturgüter herauszugeben, machen die Haftung von Staaten für Kulturgüterraub zum aktuell praxisrelevantesten Problem bei der Haftung im Zusammenhang mit dem Kul-

---

51 *Fiedler*, in: *Fechner/Oppermann/Prott*, Prinzipien des Kulturgüterschutzes, S. 159 [160].

52 *Fiedler*, Kulturgüter als Kriegsbeute, S. 11.

53 *v. Schorlemer*, GYIL 41 (1998), S. 317.

54 Bundesgesetz der Russischen Föderation über die infolge des Zweiten Weltkriegs in die UdSSR verbrachten und im Hoheitsgebiet der Russischen Föderation befindlichen Kulturgüter v. 15.04.1998, dt. Übersetzung: AVR 38 (2000), S. 72 ff. (im Folgenden: Beutekunstgesetz).

55 Art. 6 Beutekunstgesetz.

turgüterschutz. Auch künftig wird die Verschleppung beweglicher Kulturgüter während militärischer Besetzungen zu den größten Gefahren für Kulturgüter gehören.[56] Deshalb werden im Folgenden Voraussetzungen und Rechtsfolgen eines völkerrechtlichen Haftungsanspruchs am Beispiel der Verschleppung von Kulturgut untersucht.

A. Anspruchsgrundlagen für völkerrechtliche Haftungsansprüche

Die Frage der Staatenhaftung ist bisher nicht in völkerrechtlich verbindlicher Weise kodifiziert. Die ILC wurde bereits 1953 von der VN-Generalversammlung mit der Ausarbeitung eines Kodifikationsentwurfs beauftragt,[57] doch erst im Jahr 2001 kamen die Beratungen zu einem vorläufigen Abschluss. Der Entwurf wurde als Anlage in eine Resolution der VN-Generalversammlung aufgenommen.[58] Beschlüsse der VN-Generalversammlung haben allerdings nur empfehlenden Charakter.[59]

Jedoch wird es seit langem als Völkergewohnheitsrecht angesehen, dass der Staat, der in zurechenbarer Weise völkerrechtliche Pflichten verletzt, haftet. Bereits 1927 hat der StIGH in der ersten *Chorzów*-Entscheidung festgestellt: „It is a principle of international law that the breach of an engagement involves an obligation to make reparation in an adequate form"[60]. Diese Rechtsprechung wurde später vom StIGH konkretisiert[61] und vom IGH zur st. Rspr. fortgeführt.[62] Die Literatur ist dem einhellig beigetreten.[63] Der ILC-Entwurf zur Staatenhaf-

---

56 *Francioni*, RGDIP 111 (2007), S. 27.

57 UN-GA Res. 799/8 v. 7.12.1953.

58 UN-GA Res. 56/83 v. 12.12.2001.

59 Etwas anderes gilt nur im Bereich des *housekeeping*, allg. Ansicht, vgl. nur *Herdegen*, Völkerrecht, § 40 Rn. 14; *Hobe*, Völkerrecht, S. 202 f.

60 PCIJ, *Chorzów* I (Deutschland v. Polen), Urt. v. 26.07.1927, PCIJ Series A No. 9, S. 21.

61 PCIJ, *Chorzów* III (Deutschland v. Polen), Urt. v. 13.09.1928, PCIJ Series A No. 17, S. 47 f.

62 ICJ, *Corfu Channel II* (Vereinigtes Königreich v. Albanien), Urt. v. 9.04.1949, ICJ-Rep. 1949, S. 4 [23]; *U.S. Diplomatic and Consular Staff in Tehran* (U.S.A. v. Iran), Urt. v. 24.05.1980, ICJ-Rep. 1980, S. 3, §§ 90 f.; *Gabčíkovo-Nagymaros Project* (Ungarn v. Slowakei), Urt. v. 25.09.1997, ICJ-Rep. 1997, S. 7, §§ 149 ff.; *Arrest Warrant* (Kongo v. Belgien), Urt. v. 14.02.2002, ICJ-Rep. 2002, S. 3 §§ 75 f.

63 Aus der aktuellen Literatur vgl. *Herdegen*, Völkerrecht, §§ 58-60; *Schröder*, in: *Graf Vitzthum*, Völkerrecht, Rn. VII 4 ff.; *Dupuy/Kerbrat*, Droit international public, Rn. 463; *Shaw*, International Law, S. 778 ff.; *Brotóns*, Derecho internacional, §§ 398 ff.

tung spiegelt somit jedenfalls im Grundsatz bereits geltendes Völkergewohnheitsrecht wider und kann deshalb auch für diese Untersuchung herangezogen werden.

Neben dem allgemeinen Haftungsanspruch kommen verschiedene spezielle Haftungsansprüche aus völkerrechtlichen Konventionen in Betracht. Da letztere nur für einen Teil der Staatengemeinschaft verbindlich sind, werden sie im Anschluss an den allgemeinen Haftungsanspruch diskutiert.

B. Haftung nach den allgemeinen völkergewohnheitsrechtlichen Grundsätzen der Staatenverantwortlichkeit

Fraglich ist, unter welchen Voraussetzungen die Verschleppung von Kulturgütern die Haftung des verschleppenden Staates auslöst.

I. Anwendbarkeit der allgemeinen völkergewohnheitsrechtlichen Grundsätze der Staatenverantwortlichkeit

Zunächst gilt es, Zweifel hinsichtlich der Anwendbarkeit der allgemeinen völkergewohnheitsrechtlichen Grundsätze über die Staatenverantwortlichkeit auszuräumen.

1. Vorrang kodifizierten Völkerrechts?

So könnte erwogen werden, ob das kodifizierte Völkerrecht, also insbesondere Art. 3 und 4 des Protokolls vom gleichen Tage zur Haager Konvention von 1954, gemäß dem Grundsatz *lex specialis derogat legi generali* dem allgemeinen Haftungsanspruch vorgeht.

Jedoch ist dies zu verneinen. Zunächst gilt es zu beachten, dass nach ganz h. M. Völkergewohnheitsrecht und Völkervertragsrecht in keinem Ausschließlichkeitsverhältnis zueinander stehen; Völkergewohnheitsrecht bleibt neben dem Vertragsrecht anwendbar. Dies gilt sogar dann, wenn der völkerrechtliche Vertrag gerade den Zweck hat, Gewohnheitsrecht zu kodifizieren. Denn auf diese Weise bleibt die Einheitlichkeit der Rechtsordnung gewahrt: Diejenigen Staaten, die einen entsprechenden Vertrag ratifiziert haben, sind dann an den Inhalt sowohl aufgrund der vertraglichen wie auch aufgrund der gewohnheitsrechtlichen

Regelung gebunden, während die übrigen Staaten jedenfalls aufgrund des Gewohnheitsrechts an den Inhalt gebunden sind.[64]

Nach dem Grundsatz *pacta tertiis nec nocent nec prosunt* hat das angesprochene Protokoll für die Nicht-Vertragsparteien somit überhaupt keine Wirkung; in keinem Fall führt es zu einer Entpflichtung gegenüber den allgemeinen völkergewohnheitsrechtlichen Grundsätzen der Staatenverantwortlichkeit. Für die Vertragsstaaten des Protokolls bleibt es aber ebenfalls bei der Bindung an das Völkergewohnheitsrecht.[65] Da der Zweck der Haager Übereinkünfte vom 14.05.1954 die *Erweiterung* des völkerrechtlichen Kulturgüterschutzes war,[66] wäre es zudem widersinnig anzunehmen, die Beschränkung oder Ersetzung bestehenden Gewohnheitsrechts entspreche dem Parteiwillen. Deshalb ist von einer Idealkonkurrenz beider Ansprüche auszugehen.

2. Kulturgüterschutz als Ausnahme zur allgemeinen Staatenverantwortlichkeit?

Fraglich ist jedoch, ob sich die Grundsätze zur Staatenverantwortlichkeit auch auf die Verletzung von Kulturgüterschutzbestimmungen beziehen. Hiergegen könnte sprechen, dass das Protokoll vom gleichen Tage zur Haager Konvention von 1954 nicht von allen Staaten ratifiziert wurde; einige wichtige Staaten wie die U. S. A. oder das Vereinigte Königreich fehlen.[67] Auch in der Literatur stellt sich eine Mindermeinung auf den Standpunkt, es sei kein Gewohnheitsrecht nachweisbar, wonach im Krieg verschleppte Kulturgüter zurückzugeben seien.[68] Die h. M. ist dagegen bemüht, einen derartigen Satz des Gewohnheitsrechts nachzuweisen.[69]

---

64 Auch die Rspr. stellt trotz einschlägigen und anwendbaren Vertragsrechts *zusätzlich* auf eine Verletzung des einschlägigen Völkergewohnheitsrechts ab, so ICJ, *U.S. Diplomatic and Consular Staff in Tehran* (U. S. A. v. Iran), Urt. v. 24.05.1980, ICJ-Rep. 1980, S. 3, §§ 90 f.; aus der Lit. vgl. *Dupuy/Kerbrat*, Droit international public, Rn. 298; *Cassese*, International Law, S. 167 f.

65 Ausdrücklich für das Kulturgüterschutzrecht: *Wolfrum*, IsYHR 32 (2002), S. 305 [309].

66 Vgl. die Präambel zur HK-1954; näher zu den Entstehungsmotiven *Toman*, Commentary HK-1954 S. 21 f.

67 Eine aktuelle Liste der Ratifikationen findet sich auf der Internetseite der UNESCO unter http://www.unesco.org/eri/la/convention.asp?KO=15391&language=E&order=alpha; Abruf: 01.03.2013.

68 *Carducchi*, RGDIP 104 (2000), S. 289 [355]; *Goy*, RGDIP 83 (1979), S. 962 [978].

69 *Stumpf*, Kulturgüterschutz, S. 234 ff.; *Odendahl*, Kulturgüterschutz, S. 192 f.; *Schoen*, Beutekunst, S. 43 ff.; *Walter*, Rückführung von Kulturgut, S. 78 ff.; *Doehring*, Ruperto Carola 39 (1987), S. 138 [139].

Beide Ansichten sind im dogmatischen Ansatz jedoch gleichermaßen verfehlt. Nach allg. Ansicht löst die Verletzung völkerrechtlicher Pflichten nach den Grundsätzen der Staatenverantwortlichkeit einen sekundären Haftungsanspruch aus.[70] Legt man als dessen zumindest vordergründigen Inhalt die Naturalrestitution zugrunde, erübrigt es sich, einen gewohnheitsrechtlichen Rückerstattungsanspruch nachzuweisen: Ein Rückerstattungsanspruch für verschleppte Kulturgüter ist keine rechtliche Neuschöpfung, sondern ergibt sich ohne Weiteres aus der Subsumtion unbestrittener völkerrechtlicher Normen. Der Anspruch braucht seine Grundlage also nicht im Gewohnheitsrecht zu suchen, sondern ist dogmatisch Folge der Grundsätze über die Staatenverantwortlichkeit.[71]

Wenn überhaupt ist es also nicht Sache derjenigen, die für eine Restitutionspflicht eintreten, deren völkergewohnheitsrechtliche Existenz darzulegen, sondern es ist Sache derjenigen, die sie bestreiten, eine Ausnahme vom Grundsatz der Haftung darzulegen. Dies aber wird schwerlich gelingen, denn nach der st. Rspr. seit der *Chorzów-I*-Entscheidung führt *jede* Verletzung einer völkerrechtlichen Pflicht zur Verantwortlichkeit des verletzenden Staates.[72]

Folglich sind die Grundsätze über die Staatenverantwortlichkeit auf die Verletzung von Bestimmungen über den Kulturgüterschutz genauso anwendbar wie auf jedes andere Rechtsgebiet auch. Eine Ausnahme besteht nicht.

II. Richtiger Anspruchsinhaber

Eine weitere Frage ist, wer Inhaber eines derartigen Haftungsanspruchs sein kann. Zunächst ist dabei zu klären, wer überhaupt Inhaber eines völkerrechtlichen Haftungsanspruchs sein kann, d. h., wer passiv deliktsfähig ist. Darüber hinaus gibt es viele Konstellationen, in denen sich im Anschluss die Frage stellt, wer unter mehreren in Frage kommenden Anspruchsinhabern der richtige ist.

70 Ausführliche Nachweise zur Rspr. in Fn. 60, 61 und 62, sowie zur Lit. in Fn. 63.

71 Dies erkennt nur ein Teil der Literatur; ausführlich dargelegt aber von *Coulée*, RGDIP 104 (2000), S. 359 [364 ff.]; folgende Autoren verorten einen Restitutionsanspruch ebenfalls dogmatisch als Haftungsanspruch nach den Grundsätzen über die Staatenverantwortlichkeit: *Nahlik*, RdC 120 (1967), S. 61 [148]; *Wolfrum*, IsYHR 32 (2002), S. 305 [309]; *Irmscher*, in: *Gornig/Horn/Murswiek*, Kulturgüterschutz, S. 65 [84 f.]; *Jenschke*, Rückgabeanspruch Kulturgüter, S. 183; vgl. zur Anwendung der Grundsätze über die Staatenverantwortlichkeit auf die Verletzung des Welterbe-Übereinkommens der UNESCO auch *Pfeifle*, UNESCO-Weltkulturerbe, S. 149 ff.

72 PCIJ, *Chorzów I* (Deutschland v. Polen), Urt. v. 26.07.1927, PCIJ Series A No. 9, S. 21.

1. Passive Deliktsfähigkeit[73]

Mit der nach wie vor h. M. ist davon auszugehen, dass der Inhaber eines völkerrechtlichen Haftungsanspruchs passiv deliktsfähig, d. h. taugliches Objekt einer völkerrechtlichen Verletzungshandlung, sein muss.[74] Soweit *Schröder* unter Berufung auf die *LaGrande*-Entscheidung des IGH und die Beratungen zum ILC-Entwurf über die Staatenverantwortlichkeit die Entbehrlichkeit dieser Voraussetzung behauptet,[75] ist dem entschieden entgegenzutreten: Der IGH hat an der fraglichen Stelle eben nicht entschieden, dass völkerrechtliche Rechte, die Individuen *zugute* kommen, von diesen auch geltend gemacht werden können, sondern daran festgehalten, dass nur der Staat diese zugunsten seiner Staatsangehörigen geltend machen kann,[76] wie dies der h. L. über den diplomatischen Schutz entspricht.[77] Die Berufung *Schröders* auf den ILC-Entwurf zur Staatenverantwortlichkeit ist unergiebig, denn dieser geht in seinen Art. 42 ff. gerade davon aus, dass Haftungsansprüche nur von Staaten geltend gemacht werden können.[78]

Die innere Berechtigung für die Voraussetzung der Deliktsfähigkeit liegt darin, dass nur die Völkerrechtssubjekte Inhaber von völkerrechtlichen Rechten und Pflichten sein können, sodass nur ihnen gegenüber eine völkerrechtliche Pflicht verletzt sein kann.[79] Folgerichtig kommt die passive Deliktsfähigkeit allen Völkerrechtssubjekten zu.[80]

a) Staaten

Die Staaten sind als Inhaber der vollen Souveränität die Hauptsubjekte des Völkerrechts.[81] Im Falle des internationalen bewaffneten Konflikts stehen sich zwei Staaten gegenüber, sodass ein taugliches Völkerrechtssubjekt als Anspruchsinhaber vorhanden ist. Dabei können Ansprüche beider Konfliktgegner bestehen. Denn die einschlägigen Kulturgüterschutzbestimmungen des humanitären Völ-

---

73 Einige Autoren sprechen auch vom tauglichen Deliktsobjekt.

74 *Menzel*, Völkerrecht, S. 280 f.; *v. Arnauld*, Völkerrecht, Rn. 380 f.; *Dupuy/Kerbrat*, Droit international public, Rn. 464; *Cassese*, International Law, S. 258 f.

75 *Schröder*, in: *Graf Vitzthum*, Völkerrecht, Rn. VII 9, außerdem Fn. 25.

76 ICJ, *LaGrande* (Deutschland v. U. S. A.), Urt. v. 27.06.2001, ICJ-Rep. 2001, S. 466, § 77; ebenso wird die entsprechende Stelle interpretiert von *Dahm/Delbrück/Wolfrum*, Völkerrecht I/3, S. 871.

77 Dazu *Herdegen*, Völkerrecht, § 27 Rn. 9; *Hailbronner/Kau*, in: *Graf Vitzthum*, Völkerrecht, Rn. III 114; *Shaw*, International Law, S. 809 f.

78 *Crawford*, Commentary ILC-Entwurf Staatenverantwortlichkeit, Art. 42 § 2.

79 *Dupuy/Kerbrat*, Droit international public, Rn. 474.

80 *Hobe*, Völkerrecht, S. 250; *Menzel*, Völkerrecht, S. 281.

81 *Menzel*, Völkerrecht, S. 108 f.; *Shaw*, International Law, S. 197; *Dupuy/Kerbrat*, Droit international public, Rn. 31.

kerrechts gelten, wie das gesamte humanitäre Völkerrecht, als *ius in bello* völlig unabhängig von einer Kriegsschuldfrage.[82] Selbst wenn sich in einem derartigen Konflikt einmal eindeutig der Kriegsschuldige ausmachen lassen sollte, bleiben gleichwohl auch seine Kriegsgegner, die sich auf Art. 51 VN-Charta berufen können, zur Einhaltung des humanitären Völkerrechts unbedingt verpflichtet.[83]

Als problematisch können sich Fälle erweisen, in denen als Ergebnis des Konflikts eine Streitpartei völlig bezwungen wird. Der Zweite Weltkrieg etwa endete mit der bedingungslosen Kapitulation Deutschlands am 8. Mai und Japans am 2. September 1945. Führt der völlige Zusammenbruch der Staatsgewalt zum Wegfall der Staatseigenschaft, so entfällt der Anspruchsinhaber. Ob ein später neu gegründeter Staat als eine Art „Erbe" in diese Ansprüche eintritt, hängt vom Recht der Staatensukzession ab, in dem bisher vieles ungeklärt ist.

Mit Hinblick auf den Zweiten Weltkrieg stellt sich die Frage allerdings insofern nicht, als nach ganz h. M. das Völkerrechtssubjekt Deutschland trotz bedingungsloser Kapitulation und Besatzungsregime nicht untergegangen ist. [84] Während der Besatzungszeit wurde die deutsche Staatsgewalt lediglich von den Alliierten ausgeübt, bestand aber weiter. Die heutige Bundesrepublik ist somit identisch mit dem früheren Deutschen Reich. Die volle Handlungsfähigkeit des verletzten Staates ist keine Voraussetzung für seine passive Deliktsfähigkeit.[85]

Angesichts fortwährender Unsicherheiten im Recht der Staatensukzession ist die völkerrechtliche Literatur tendenziell bemüht, die Kontinuität von Staaten zu betonen.

b) Völker

Besondere Schwierigkeiten im Zusammenhang mit dem Zweiten Weltkrieg bereitet die Frage nach einer Entschädigung für geraubtes jüdisches Eigentum. Ein Großteil der verschleppten Raubkunst ist jüdischer Herkunft; es stammt von Juden, die ins KZ deportiert wurden.[86] Die Bundesrepublik schloss später Entschädigungsabkommen mit dem Staat Israel.[87]

---

82 *Giladi*, IsLR 41 (2008), S. 246 [262 ff.].

83 *Giladi*, a. a. O., S. 272; *Bothe*, in: *Graf Vitzthum*, Völkerrecht, Rn. VIII 59.

84 BVerfGE 3, 288 [319 f.]; 36, 1 [15 f.]; einen Überblick über die vertretenen Theorien geben *Hailbronner/Kau*, in: *Graf Vitzthum*, Völkerrecht, Rn. II 204 ff.; die Kontinuität Deutschlands entspricht auch der englisch- und französischsprachigen h. L., vgl. *Shaw*, International Law, S. 227 f.; *Dupuy/Kerbrat*, Droit international public S. 86 Fn. 1.

85 *v. Arnauld*, Völkerrecht, Rn. 381.

86 Ausführlich zum NS-Kunstraub in Frankreich, den Niederlanden und Mittel- und Osteuropa *Röhling*, Restitution jüdischer Kulturgüter, S. 34 ff., 49 ff. und 52 ff.

87 Die erste und wichtigste Übereinkunft dieser Art ist das Abkommen zwischen der Bundesrepublik Deutschland und dem Staate Israel vom 10.09.1952, BGBl. 1953 II,

Für diese politische Entscheidung werden vor allem moralische Erwägungen eine Rolle gespielt haben.[88] Davon ungeachtet lässt sich aber auch die Frage nach einer diesbezüglichen Rechtspflicht stellen. Da der Staat Israel erst am 14. Mai 1948 und damit *nach* dem Zweiten Weltkrieg und den deutschen Völkerrechtsverletzungen gegründet wurde, kann der Staat Israel aus eigenem Recht keine Haftungsansprüche geltend machen.

In Betracht kommt aber die Geltendmachung von Ansprüchen, die dem bereits *während* des Zweiten Weltkrieges existierenden jüdischen Volk zustehen. Deshalb stellt sich die Frage, ob bereits ein Volk passiv deliktsfähig ist.

Diese Frage sollte bejaht werden. Dafür spricht, dass sich Völker auf das Selbstbestimmungsrecht berufen,[89] folglich Träger von völkerrechtlichen Rechten sein können. Von besonderer Bedeutung in diesem Zusammenhang ist, dass der IGH in seiner jüngsten Judikatur die Rechtmäßigkeit israelischer Maßnahmen im Westjordanland u. a. am Recht auf Selbstbestimmung gemessen hat.[90] Daraus folgt, dass Verboten des humanitären Völkerrechts subjektive Rechte eines Volkes gegenüberstehen können. Konsequenterweise müssen Völker dann im Falle einer Verletzung dieser subjektiven Rechte auch Inhaber eines Haftungsanspruchs sein können.

Zudem gibt es Anzeichen in der Staatenpraxis dafür, dass Völker als Inhaber von Haftungsansprüchen behandelt wurden: Dass sich die Bundesrepublik zur Entschädigung gegenüber dem jüdischen *Volk*, nicht nur gegenüber dem israelischen *Staat* verpflichtet sah,[91] wird nicht nur an den zahlreichen öffentlichen Verlautbarungen *Konrad Adenauers*[92] deutlich, sondern auch daran, dass nicht nur der Staat Israel Verhandlungspartner und Entschädigungsleistungsempfän-

---

S. 35 ff. Das Abkommen sieht in Art. 1 lit. (a) eine Zahlung von 3 Milliarden DM an Israel, in Art. 1 lit. (b) die Zahlung von weiteren 450 Millionen DM an die JCC vor.

88 *Féaux de la Croix*, in: *Féaux de la Croix/Rumpf*, Werdegang des Entschädigungsrechts, S. 5.

89 ICJ, *Western Sahara*, Gutachten v. 16.10.1975, ICJ-Rep. 1975, S. 12, § 55; *Crawford*, Brownlie's Principles of Public International Law, S. 646 f.; *Dupuy/Kerbrat*, Droit international public, Rn. 48; a. A. *Hailbronner/Kau*, in: *Graf Vitzthum*, Völkerrecht, Rn. I 33.

90 ICJ, *Legal Consequences of the Construction of a Wall in the Occupied Palestinian Territory*, Gutachten v. 09.07.2004, ICJ-Rep. 2004, S. 136, § 88.

91 So auch *Féaux de la Croix*, der darauf hinweist, dass die Entschädigungspolitik NS-Unrecht wiedergutmachen sollte, welches gegen das Judentum als *ganzes*, nicht nur gegen Juden der einzelnen besetzten Länder gerichtet war, in: *Féaux de la Croix/Rumpf*, S. 119 ff.; zur Sicht in Israel: *Kossoy*, Wiedergutmachung aus israelischer Sicht, S. 247 ff.

92 Vgl. die Erklärung der Bundesregierung durch Bundeskanzler *Dr. Adenauer*, BT-Prot. v. 27.09.1951, Prot. der ersten Wahlperiode, S. 6697 ff.

ger war, sondern auch die *Jewish Restitution Successor Organization (JRSO)*[93], die den Anspruch hat, das jüdische Volk weltweit zu vertreten.[94]

Es ist nicht eindeutig ermittelbar, ob die passive Deliktsfähigkeit von Völkern bereits während des Zweiten Weltkriegs anerkannt war oder ob sie sich erst durch die deutsche Entschädigungspraxis im Nachgang des Zweiten Weltkriegs etabliert hat.[95] Zumindest nach heutigem Stand des Völkerrechts sind Völker jedoch als passiv deliktsfähig anzusehen.[96]

Die Zuordnung von Kulturgütern zu einem Volk spielt übrigens nicht nur für die Entschädigung geraubter jüdischer Kulturgüter eine Rolle. Auch im Falle von Bevölkerungsaustausch und Vertreibung ist es angebracht, dem vertriebenen Volk wenigstens seine Kulturgüter herauszugeben,[97] wenn schon der rechtswidrige[98] Vorgang der Vertreibung an sich nicht rückgängig gemacht wird. Denn seine identitätsstiftende Funktion leistet ein Kulturgut für „sein" Volk, nicht für ein Territorium.[99]

Schließlich spielt die Anerkennung der passiven Deliktsfähigkeit von Völkern eine Rolle bei der Beantwortung der Frage, ob die Verschleppung von Kulturgütern durch Kolonialmächte einen deliktischen Rückgabeanspruch ehemaliger Kolonien zur Folge hat. Ein solcher Anspruch dürfte letztlich daran schei-

---

93 Zur Entstehung der JRSO vgl. *Röhling*, Restitution jüdischer Kulturgüter, S. 137 ff. Die JRSO hat einige Unterorganisationen, besonders bekannt ist die *Conference on Jewish Material Claims Against Germany (JCC)*, die einen Großteil der Regressansprüche geltend machte, ausführlich dazu: *Katzenstein*, in: FS Hirsch, S. 219 ff.

94 Dazu *Gornig* in: *Gornig/Schiller/Wesemann*, Griechenland in Europa, S. 61 [74 f.]; *Katzenstein*, in: FS Hirsch, S. 219 [220].

95 In diesem Sinne *Goldmann*, in: FS Hirsch, S. 215 [216].

96 Für sog. „Befreiungsbewegungen" ausdrücklich *Kunig*, Jura 1986, S. 344 [346]; *Odendahl* geht für den Kunstraub gegenüber Juden von einem Restitutionsrecht des jüdischen Volkes aus, Kulturgüterrecht, S. 192; a. A. offenbar *Prott*, in: *Crawford*, The Rights of Peoples, S. 93 [99]; ohne klares Ergebnis diskutiert *Röhling* ausführlich die Völkerrechtssubjektivität von JRSO bzw. JCC, Restitution jüdischer Kulturgüter, S. 182 ff.; 187 ff. *Röhlings* Argumentation orientiert sich aber an der Frage, ob der JRSO oder der JCC Völkerrechtssubjektivität als internationale NGO zukommt. Das ist nicht überzeugend, denn internationale NGOs sind gerade keine Völkerrechtssubjekte. Viel schlüssiger ist es dogmatisch, das jüdische Volk als Völkerrechtssubjekt anzusehen und die JRSO und JCC lediglich als Organe dieses Subjekts.

97 Ähnlich *Rusu*, in: *Gornig/Horn/Murswiek*, Kulturgüterschutz, S. 93 [119].

98 Dazu *Rusu*, a. a. O., S. 95 ff.

99 *Fiedler*, in: *Fechner/Oppermann/Prott*, Prinzipien des Kulturgüterschutzes, S. 159 [167].

tern, dass die Kolonialisierung jedenfalls im 19. Jahrhundert als vereinbar mit dem Völkerrecht angesehen wurde.[100]

c) Individuen

Ob auch Individuen deliktsfähig i. S. d. Völkerrechts sind, ist umstritten. Die Befürworter einer passiven Deliktsfähigkeit von Individuen verweisen darauf, dass verschiedene völkerrechtliche Verträge diese unmittelbar berechtigten, weshalb ihnen im Falle einer Verletzung dieser Rechte auch ein völkerrechtlicher Schadensersatzanspruch zustehen müsse.[101] Diese Theorie korrespondiert mit einer sich im Vordringen befindlichen Auffassung, nach der Individuen zumindest partielle Völkerrechtssubjektivität zukomme.[102]

Dem steht die traditionelle Auffassung von der Mediatisierung des Individuums im Völkerrecht entgegen. Diese geht maßgeblich auf die Entscheidung *Mavrommatis I* zurück, in welcher der StIGH betonte, die Ausübung diplomatischen Schutzes für seine Staatsangehörigen sei die Geltendmachung eigener Rechte des Staates.[103] Dies entspricht der aktuellen *LaGrande*-Rechtsprechung des IGH.[104]

In jüngster Zeit konzentriert sich der Streit um die passive Deliktsfähigkeit von Individuen darauf, ob die Verbotsnormen des humanitären Völkerrechts subjektive Rechte der geschützten Privatpersonen beinhalten. Dies ist auch für die Frage des Kulturgüterraubs besonders relevant, denn die einschlägigen Verbotsnormen sind die des humanitären Völkerrechts.

Ausgangspunkt für die aktuelle Debatte waren Äußerungen in der Literatur, die betonten, zumindest bei schwersten Menschenrechtsverletzungen gebiete es bereits der Begriff, dass der einzelne Mensch selbst Rechtsträger sei, nicht bloß der Heimatstaat.[105] Die Debatte hat sich verschärft durch die Entscheidung des italienischen *Corte Suprema di Cassazione* in der Sache *Ferrini*.[106] In dem viel diskutierten Urteil ging es zwar hauptsächlich um die Frage, ob Deutschland

---

100 Ausführlich zu deliktischen und sonstigen Restitutionsansprüchen ehemaliger Kolonien: *Schulze*, Restitution von Kunstwerken, S. 71 ff.

101 *Gornig*, Eigentum und Enteignung, S. 56 f.; *Schwarze*, AVR 24 (1986), S. 408 [412 f.].

102 BGHZ 169, 348 [Rn. 7]; *Hobe*, Völkerrecht, S. 167; a. A. noch BGHZ 155, 279 [Rn. 36].

103 PCIJ, *The Mavrommatis Palestine Concessions*, Urt. v. 30.08.1924, PCIJ-Series A No. 2, S. 12; ausführlich zur klassischen Lehre: *Hagelberg*, Verfügungsbefugnis des Staates über Rechtsansprüche von Privatpersonen, S. 49 ff.

104 Unter B.II.1., S. 46; vgl. ICJ, *LaGrand*, Urt. v. 27.06.2001, ICJ-Rep. 2001, S. 466, § 77.

105 So *Doehring*, in: *Ress/Stein*, Diplomatischer Schutz, S. 13 [15].

106 Corte Suprema di Cassazione, *Ferrini v. Repubblica federale di Germania*, Urt. v. 11.03.2004, Az.: 5044, RDI 87 (2004), S. 540 ff.

Immunität vor italienischen Gerichten genieße. Daneben wurde aber aus den Grundsätzen der Staatenverantwortlichkeit auch ein individueller Entschädigungsanspruch für *Ferrini* hergeleitet.[107] Zwar hat der IGH vor kurzem festgestellt, dass die Verurteilung Deutschlands durch italienische Gerichte die völkerrechtliche Immunität der Bundesrepublik verletzt habe. Dabei hat der IGH aber Ausführungen darüber, ob *materiell* ein individueller Anspruch von *Ferrini* auf Entschädigung besteht, bewusst vermieden.[108]

Damit kann die Debatte weitergehen: So kam in einer kürzlich erschienen Untersuchung *Matthiesen* zu dem Schluss, eine „dynamische Auslegung" gebiete es, Privatpersonen als Gläubiger eines Anspruchs aus Art. 91 ZP I[109] anzusehen.[110] Zwar beinhaltet Art. 53 ZP I nur einen geringen Schutz von Kulturgütern, sodass sich aus Art. 91 i. V. m. Art. 53 ZP I auch nach dieser Ansicht keine individuellen Ersatzansprüche in Bezug auf geraubtes Kulturgut herleiten lassen. *Matthiesen* macht aber im weiteren Verlauf ihrer Untersuchung deutlich, dass sie grundsätzlich eine „Subjektivierung" völkerrechtlicher Ersatzansprüche anstrebt.[111]

Auf dem gegenwärtigen Stand ist aber festzuhalten, dass eine passive Deliktsfähigkeit von Privatpersonen weder dem traditionellen Stand des Völkerrechts entspricht, noch sich eine völkervertragliche Anerkennung jenseits weniger Ausnahmen wie dem EGMR-Regime andeutet. Daher kann sich die passive Deliktsfähigkeit von Individuen letztlich nur aus einer völkergewohnheitsrechtlichen Rechtsfortbildung ergeben, und hierfür wiederum sind Rechtspraxis und Rechtsüberzeugung notwendig.

Umfangreiche Entschädigungen für Privatpersonen, insbesondere die Rückgabe von Kulturgütern, wie sie von Deutschland bis heute bei neu entdeckter Raubkunst aus der Zeit des Dritten Reichs praktiziert wird, sind noch kein Indiz für eine entsprechende Rechtspraxis. Unstreitig ist nämlich, dass als Rechtsfolge von gegenüber *Staaten* bestehenden Schadensersatzpflichten Wiedergutma-

---

107 Corte Suprema di Cassazione, a. a. O., S. 547.

108 ICJ, *Jurisdictional Immunities of the State* (Deutschland v. Italien), Urt. v. 03.02.2012 § 48, abrufbar unter http://www.icj-cij.org/docket/files/143/16884.pdf (Abruf: 01.03.2013).

109 Zusatzprotokoll zu den Genfer Abkommen v. 12.08.1949 über den Schutz der Opfer internationaler bewaffneter Konflikte (Protokoll I) v. 08.06.1977, BGBl. 1991 II, S. 968.

110 *Matthiesen*, Wiedergutmachung, S. 276 f.; *Fischer-Lescano* geht sogar so weit, Individuen als Inhaber eines Anspruchs aus Art. 3 des Haager Abkommens zur HLKO anzusehen: AVR 45 (2007), S. 299 [372 ff.].

111 *Matthiesen*, a. a. O., S. 292 f.

chung gegenüber *Privatpersonen* in Betracht kommt.[112] Die Frage, wer Anspruchsinhaber ist, kann also nicht danach beantwortet werden, wer von der Anspruchserfüllung profitiert, sondern nur danach, wer berechtigt ist, den Anspruch geltend zu machen und über ihn zu verfügen, d. h. etwa auch, auf ihn zu verzichten.[113]

Dass diese Verfügungsgewalt über den Anspruch eben nicht den verletzten Privatpersonen selbst, sondern nur den Heimatstaaten zusteht, wird besonders daran deutlich, dass nach dem Zweiten Weltkrieg zahlreiche Staaten mit Deutschland Pauschalentschädigungsabkommen geschlossen haben, mit denen bestehende Ansprüche abgegolten werden sollten.[114] Klagen von Privatpersonen, die über die vereinbarten Pauschalentschädigungen hinaus eigene individuelle Entschädigungen erstreiten wollten, sind vor deutschen Gerichten stets erfolglos geblieben.[115] Abgesehen von den jüngsten italienischen Entscheidungen und vorangegangenen griechischen Urteilen[116] entspricht das auch der Rechtsprechung in anderen Ländern.[117] Somit fehlt es für eine gewohnheitsrechtliche Akzeptanz von Privatpersonen als passiv deliktsfähig i. S. d. Völkerrechts bereits an einer entsprechenden Rechtspraxis.

De lege ferenda spricht gegen eine Deliktsfähigkeit von Privatpersonen vor allem, dass diese weder rechtlich noch tatsächlich derartige Ansprüche durchsetzen könnten. Natürlich bleibt es einem Staat unbenommen, Privatpersonen Entschädigungen zu gewähren und ihnen im nationalen Recht auch einen gericht-

---

112 So schon PCIJ, *Chorzów II* (Deutschland v. Polen), Urt. v. 13.09.1928, PCIJ-Series A No. 17, S. 47 f.

113 *Doehring*, in: *Ress/Stein,* Diplomatischer Schutz, S. 13.

114 Z. B. Vertrag zwischen der Bundesrepublik Deutschland und dem Königreich der Niederlande über die Regelung finanzieller Fragen und über Leistungen zugunsten niederländischer Opfer der nationalsozialistischen Verfolgung (Finanzvertrag), BGBl. 1963 II, S. 629: Art. 15 sieht den Verzicht auf weitere Forderungen vor. Außerdem Vertrag zwischen der Bundesrepublik Deutschland und dem Königreich Belgien über Leistungen zugunsten belgischer Staatsangehöriger, die von nationalsozialistischen Verfolgungsmaßnahmen betroffen worden sind, BGBl. 1961 II, S. 1037: Art. III bestimmt die abschließende Regelung völkerrechtlicher Ersatzansprüche.

115 Grundlegend BVerfGE 94, 315 [329 ff.]; bestätigend BVerfG, NJW 2004, S. 3257 [3258]; für das aktuelle Völkerrecht in Bezug auf deutsche NATO-Einsätze: BGHZ 169, 348 [Rn. 9 ff.].

116 Gericht erster Instanz von Leivadia, *Präfektur von Voiotia v. Deutschland*, Urt. v. 30.10.1997, Az.: 137/1997, Bericht darüber von *Bantekas, Ilias*, in: AJIL 92 (1998), S. 765.

117 Japan: Bezirksgericht von Tokio, *Ryuichi Shimoda et al. v. Japan*, Urt. v. 07.12.1963, ILR 32, S. 626 [636 ff.]; U. S. A.: U.-S. District Court, Central District, California, *Handel and Others v. Artukovic*, Urt. v. 31.01.1985, ILR 79, S. 396 [399 f.].

lich durchsetzbaren Anspruch zu verleihen. Dieser Anspruch ist dann aber rein *national*rechtlicher, nicht *völker*rechtlicher Natur.[118] Andere Staaten sind dagegen wegen des Grundsatzes *par inter pares non habet iudicium* aus Rechtsgründen daran gehindert, derartige Ansprüche gegen fremde Staaten zuzuerkennen. Der IGH hat in diesem Zusammenhang betont, dass weder die besondere Schwere von Verletzungen des humanitären Völkerrechts noch die Tatsache, dass der für sie verantwortliche Staat die Gewährung eines individuellen Entschädigungsanspruchs ablehnt, eine Abweichung vom Grundsatz der völkerrechtlichen Immunität eines Staates vor fremder Jurisdiktionsgewalt rechtfertigen.[119]

Der Vorschlag von *Matthiesen*, ein neues internationales Gericht zu schaffen, um Zuständigkeitslücken zu füllen,[120] dürfte in der Praxis keine Aussicht auf Erfolg haben. Dann aber fehlt ein zuständiges Gericht, das über den individuellen Entschädigungsanspruch einer Privatperson entscheiden könnte. Unter diesen Umständen wäre der individuelle Entschädigungsanspruch nichts weiter als ein Recht auf dem Papier.

Schließlich ist die Verfügungsgewalt der Staaten über Haftungsansprüche im internationalen Verkehr notwendig, weil Kriegsfolgen oft nur pauschal geregelt werden können. Der teilweise Verzicht auf Entschädigungsleistungen kann z. B. erforderlich sein, um Staaten, die sich gerade in einem demokratischen Aufbruch befinden, diesen Anfang nicht übermäßig durch haftungsrechtliche Altlasten zu erschweren.[121]

Mit der h. L. ist daher davon auszugehen, dass Individuen nicht passiv deliktsfähig i. S. d. Völkerrechts sind.[122]

---

118 BVerfGE 94, 315 [330].

119 ICJ, *Jurisdictional Immunities of the State* (Deutschland v. Italien), Urt. v. 03.02.2012 §§ 81 ff. bzw. 98 ff., abrufbar unter http://www.icj-cij.org/docket/files/143/16884.pdf (Abruf: 01.03.2013); a. A. Corte Suprema di Cassazione, *Ferrini v. Repubblica Federale di Germania*, Urt. v. 11.03.2004, Az.: 5044, RDI 87 (2004), S. 540 [546 f.]; *Bianchi*, AJIL 99 (2005), S. 242 [245].

120 *Matthiesen*, Wiedergutmachung, S. 459.

121 *Gianelli*, RDI 87 (2004), S. 643 [682].

122 *Dahm/Delbrück/Wolfrum*, Völkerrecht I/3, S. 872; *Schlochauer*, AVR 16 (1973/75), S. 239 [247]; *Dupuy/Kerbrat*, Droit international public, Rn. 485; *Shaw*, International Law, S. 810; a. A. *Gornig*, Eigentum und Enteignung, S. 54 ff.; *Fischer-Lescano*, AVR 45 (2007), S. 299 [320].

2. Auswahl des richtigen Anspruchsberechtigten

Geklärt ist nunmehr, welche Subjekte überhaupt Inhaber eines Haftungsanspruchs sein können. Im nächsten Schritt muss präzisiert werden, wer im konkreten Fall tatsächlich Anspruchsberechtigter ist.

a) Verletzung von Staatseigentum und -besitz

Unproblematisch sind Fälle, in denen Kulturgüter aus dem Staatseigentum des verletzten Staates verschleppt werden, beispielsweise Museumsgut. Dieser Staat ist dann Anspruchsinhaber. Das gleiche sollte auch dann gelten, wenn der Staat lediglich im Besitz des Kulturguts war, etwa bei internationalen Museumsleihgaben. Denn bereits der Besitz ist ein absolutes Recht, das von den meisten Rechtsordnungen geschützt wird.[123] Da der Staat gegenüber dem Ausleiher i. d. R. zu Rückgabe oder Schadensersatz verpflichtet sein wird, ist der Staat, dessen Besitz verletzt wurde, auch schutzwürdig.

b) Verletzung von Privateigentum: diplomatischer Schutz

Wird Privateigentum verletzt, so sind die Eigentümer auf diplomatischen Schutz angewiesen. Der diplomatische Schutz ist bisher völkervertraglich nicht geregelt; Rechtsprechung und Literatur haben aber den Inhalt bereits weitgehend präzisiert. Die ILC hat 2006 einen Kodifikationsentwurf vorgelegt.[124]

aa) Staatsangehörigkeitsprinzip

Sowohl gemäß Art. 3 Abs. 2 ILC-Entwurf zum diplomatischen Schutz als auch nach der einschlägigen Rechtsprechung[125] und Literatur[126] ist zunächst der Staat berechtigt, Ansprüche geltend zu machen, dessen Staatsangehörige betroffen sind. Als problematisch erweisen sich Fälle, in denen der Betroffene zum Zeitpunkt der Verletzungshandlung eine andere Staatsangehörigkeit innehatte als diejenige, die er zum Zeitpunkt der Geltendmachung innehat.

---

123 Für das dt. Recht: Vgl. §§ 854 ff. BGB; vgl. die Ansprüche wegen Besitzentziehung und Besitzstörung aus §§ 861 f. BGB; nach h. M. schützt auch § 823 Abs. 1 BGB den Besitzer, insbesondere hinsichtlich von Regressansprüchen des Eigentümers, vgl. BGH, NJW 1984, S. 2569 [2570]. Für das frz. Recht: Vgl. Art. 2278 f. C. civ.

124 UN GA-Doc. A/CN.4/L.684 v. 19.05.2006, Beschl. der 58. Sitzung der ILC.

125 Nach der Rechtsprechung ist überdies ein „*genuine link*" zwischen dem Staat und dem Staatsangehörigen, zugunsten dessen Rechte geltend gemacht werden, erforderlich, vgl. ICJ, *Nottebohm II* (Liechtenstein v. Guatemala), Urt. v. 06.04.1955, ICJ-Rep. 1955, S. 3 [21 ff.].

126 *Hailbronner/Kau*, in: *Graf Vitzthum*, Völkerrecht, Rn. III 116; *Dupuy/Kerbrat*, Droit international public, Rn. 485.

Diese Frage stellt sich insbesondere in Bezug auf jüdische Alteigentümer, die zum Zeitpunkt der Wegnahme entweder eine osteuropäische oder gar keine Staatsangehörigkeit innehatten, mittlerweile aber israelische Staatsangehörige sind. Abgesehen von dem bereits erörterten Konzept[127] einer Geltendmachung von Ansprüchen, die dem jüdischen Volk als verletztem Völkerrechtssubjekt zustehen könnten, ist nämlich auch an eine Geltendmachung im Wege des diplomatischen Schutzes durch Israel zugunsten seiner Staatsangehörigen zu denken.

Nach dem ILC-Entwurf zum diplomatischen Schutz ist in einem derartigen Fall derjenige Staat berechtigt, Ansprüche geltend zu machen, dessen Staatsangehörigkeit die betroffene Person zum Zeitpunkt der Geltendmachung innehat, vorausgesetzt, sie hat die alte Staatsangehörigkeit verloren und die neue in Übereinstimmung mit dem Völkerrecht erworben.[128] Derjenige Staat, dessen Staatsangehörigkeit der Betroffene verloren hat, ist dagegen nicht mehr zur Geltendmachung von Ansprüchen berechtigt.[129] Nach dem ILC-Entwurf besteht daher die Möglichkeit, dass Israel im Wege des diplomatischen Schutzes Ansprüche seiner jetzigen Staatsangehörigen geltend macht, obwohl diese zum Zeitpunkt der Verletzungshandlungen noch andere Staatsangehörigkeiten innehatten.

Rechtspolitisch sprechen für die Regelungen des ILC-Entwurfs zwar die besseren Gründe:[130] Staaten werden wenig geneigt sein, diplomatischen Schutz für jemanden auszuüben, der, aus welchem Grunde auch immer, ihre Staatsangehörigkeit verloren hat. Es besteht somit das Risiko einer Schutzlosigkeit der betroffenen Personen, weil der Staat, dessen Staatsangehörigkeit sie besaßen, keinen diplomatischen Schutz ausüben will, während der Staat, dessen Staatsangehörigkeit sie inzwischen innehaben, aus Rechtsgründen an der Ausübung gehindert ist.

Die Regelungen des ILC-Entwurfs stehen jedoch im Widerspruch zur herkömmlichen Auffassung, der zufolge diplomatischer Schutz nur dann von einem Staat ausgeübt werden kann, wenn der Betroffene bereits bei Begehung der Verletzungshandlung sein Staatsangehöriger war und dies ununterbrochen bis zur Geltendmachung des diplomatischen Schutzes geblieben ist.[131] Ob sich ausge-

---

127 Oben unter B.II.1.b), S. 47 ff.

128 Art. 5 Abs. 2, 3 ILC-Entwurf zum diplomatischen Schutz.

129 Art. 5 Abs. 4 ILC-Entwurf zum diplomatischen Schutz.

130 Generell für eine Ausweitung: *Kokott*, in: *Ress/Stein*, Diplomatischer Schutz, S. 45 [61]; krit. zur herkömmlichen Regelung auch *Gornig*, Schicksal Danziger Kulturgüter, S. 94.

131 So noch *Brownlie*, Principles of Public International Law, S. 478 f.; *Crawford*, SAYIL 31 (2006), S. 19 [29 f.]; mittlerweile jedoch offener für die Regelung des ILC-Entwurfs: *Crawford*, Brownlie's Principles of Public International Law, S. 702 f.

hend vom ILC-Entwurf neues Völkergewohnheitsrecht entwickelt, bleibt abzuwarten.

bb) Juristische Personen

Schließlich ist daran zu denken, dass diplomatischer Schutz zugunsten juristischer Personen ausgeübt wird. Kunstraub kann vor allem Vereine und Stiftungen treffen, aber auch an Unternehmen ist zu denken.

Hierbei ist die Staats*zugehörigkeit* der juristischen Person zu ermitteln. Die Rechtsprechung hat die Theorie eines *genuine link* entwickelt: Demzufolge ist eine Gesamtbetrachtung vorzunehmen, bei der Gründungsort und Sitz der juristischen Person entscheidend sind; keine Bedeutung hat dagegen die Staatsangehörigkeit der Anteilseigner.[132] Dem ist die Literatur jedenfalls mehrheitlich gefolgt.[133] Der ILC-Entwurf zum diplomatischen Schutz ist ebenfalls an die *Barcelona-Traction*-Entscheidung des IGH angelehnt.[134]

cc) Diplomatischer Schutz und Volkszugehörigkeit

Folgt man der hier vertretenen Ansicht, sind auch Völker passiv deliktsfähig.[135] Da sich die Verletzung von Rechten eines Volkes im Wesentlichen ebenfalls in der Schädigung seiner Angehörigen verwirklicht, muss konsequenterweise auch ein Volk berechtigt sein, eine Art diplomatischen Schutz auszuüben. Dies ist freilich nur dann möglich, wenn das Volk über Organe verfügt, die eine geordnete Vertretung nach außen ermöglichen. Dies ist z. B. bei der JCC der Fall.[136]

---

132 ICJ, *Barcelona Traction, Light and Power Company, Ltd.* (Belgien v. Spanien), Urt. v. 05.02.1970, ICJ-Rep. 1970, S. 3, §§ 70 ff.

133 *Seidl-Hohenveldern*, in: *Ress/Stein*, Diplomatischer Schutz, S. 115 [116 f.]; *Hailbronner/Kau*, in: *Graf Vitzthum*, Völkerrecht, Rn. III 120 f.

134 Vgl. Art. 9-11 des ILC-Entwurfs zum diplomatischen Schutz, dazu *Crawford*, SAYIL 31 (2006), S. 19 [36 ff.].

135 Siehe unter B.II.1.b), S. 47 ff.

136 Dass Ansprüche überlebender NS-Opfer mitunter auf die JRSO bzw. JCC übergingen, ist auch kritisiert worden, schon 1950 durch *Reiff*, NJW 1950, S. 255; jüngst noch einmal scharf: *Enderlein*, ZOV 2008, S. 277. In der israelischen Öffentlichkeit reißt die Debatte darüber nicht ab. Es entspricht jedoch dem Konzept des diplomatischen Schutzes, dass Privatpersonen von der Weiterleitung erhaltener Regressleistungen durch ihren Staat bzw. die JCC abhängig sind. Tatsächlich hat die JCC mehrere „Goodwill-Funds" aufgelegt, mit denen die unmittelbaren NS-Opfer entschädigt werden, dazu: *Enderlein*, ZOV 2011, S. 202 f.

dd) Local-remedies-rule

Für den Fall, dass der völkerrechtlich haftbare Staat seiner Verpflichtung zur Leistung von Schadensersatz dadurch nachkommt, dass er den privaten Opfern in seinem nationalen Recht einen Entschädigungsanspruch gewährt, kann der Heimatstaat gemäß der *Local-Remedies-Rule* erst dann diplomatischen Schutz auf internationaler Ebene ausüben, wenn die innerstaatlich gewährten Rechtsbehelfe erfolglos ausgeschöpft wurden.[137]

c) Verletzung des nationalen Kulturerbes

Die bisher erörterten Möglichkeiten der Anspruchszuordnung zu einem Staat basieren wesentlich auf dem Eigentumsrecht entweder des Staates selbst oder zumindest seiner Angehörigen. Umstritten ist, ob darüber hinaus Kulturgüter in einer besonderen Rechtsbeziehung zu einer Art „Heimatstaat" stehen, der ebenfalls Rechte geltend machen kann.

Diese Frage kann von praktischer Relevanz sein, wenn Kulturgüter verschleppt werden, die ein Staat als seine eigenen betrachtet, obwohl weder ihm noch seinen Staatsangehörigen daran Eigentum zusteht. Unproblematisch ist der Fall, dass das Kulturgut zwar in ausländischem Eigentum stand, jedoch vor seiner Verschleppung in dem Staat, der Rechte geltend macht, belegen war. In diesem Fall kann sich der Staat nämlich auf seine territoriale Integrität berufen, und zwar selbst dann, wenn das Gebiet von einer fremden Macht besetzt war.[138] Die Frage kann sich aber auch für verschleppte Kulturgüter stellen, die von Anfang an im Ausland belegen waren: Angenommen beispielsweise, die in Berlin befindliche, aber von Ägypten als nationales Kulturgut betrachtete Nofretete würde im Zuge eines bewaffneten Konflikts verschleppt, so könnte Ägypten ein Interesse an der Rückführung nach Deutschland haben, etwa wegen des besonders hohen Schutzniveaus in deutschen Museen.

aa) Theorie der nationalen Zugehörigkeit

Nach der hier sog. „Theorie der nationalen Zugehörigkeit" besteht eine besondere Rechtsbeziehung zwischen einem Kulturgut und seinem Heimatstaat. Schon der italienische Bildhauer *Antonio Canova* versuchte im Oktober 1810 *Napoleon* davon zu überzeugen, dass die Erhaltung von Kulturgütern als staatliche Aufgabe über die privaten Eigentumsverhältnisse hinausgehe.[139] Die dogmatische

---

137 *Hailbronner/Kau*, in: *Graf Vitzthum*, Völkerrecht, Rn. III 115.

138 Dies folgt aus Art. 42 ff. HLKO und dem völkerrechtlichen Annexionsverbot, vgl. *Bothe*, in: *Graf Vitzthum*, Völkerrecht, Rn. VIII 82.

139 *Jayme*, in: *Reichelt*, Internationaler Kulturgüterschutz, S. 20.

Grundlegung einer besonderen Rechtsbeziehung erfolgte später durch *Giannini*, der ein Interesse „*da natura patrimoniale*“ an einem Kulturgut von Interessen „*da natura immateriale*“ unterschied.[140] Er greift damit auf den Begriff *patrimoine* (frz.) bzw. *patrimonio* (ital.) zurück, der im Zivilrecht der romanischsprachigen Länder eine wichtige Rolle spielt. Im Deutschen lässt sich der Begriff nur unvollkommen mit „Vermögen“ übersetzen. Verkürzt gesagt könnte man unter *intérêts patrimoniaux* alle zivilrechtlichen und vermögenswerten Rechte an einer Sache bezeichnen, also Eigentum, Besitz, aber auch Urheber- und Verwertungsrechte.

Giannini scheidet nun diese vermögenswerten Rechte von den nichtvermögenswerten öffentlichen Rechten an einem Kulturgut. Die Rechtsbeziehung zwischen Kulturgut und Heimatstaat ist damit grundverschieden vom Eigentum, das ein Vermögensrecht ist.[141] Somit lässt sich der Begriff der nationalen Zugehörigkeit als öffentlich-rechtliche Rechtsbeziehung zwischen einem Staat und einem Kulturgut definieren, kraft derer der Heimatstaat zur Geltendmachung von Ansprüchen berechtigt ist, welche aus der besonderen kulturellen Bedeutung des Gegenstandes für ihn resultieren, insbesondere Schutz und Bewahrung des Kulturguts, außerdem Schutz vor Verunglimpfung und Missbrauch.[142]

bb) Theorie der Beschränkung auf privatrechtliche Rechte

Dem steht die hier sog. Theorie der Beschränkung auf privatrechtliche Rechte gegenüber. Vertreter dieser Theorie halten die Konstruktion einer eigenen Rechtsbeziehung besonderer Art zwischen Kulturgut und Heimatstaat für überflüssig. Der Staat, der sein Kulturgut schützen wolle, sei rein auf privatrechtliche Rechte, insbesondere das Eigentum, verwiesen.[143]

cc) Theorie des common heritage of mankind

Weit verbreitet ist die Vorstellung, dass Kulturgüter nicht nur einem Staat zuzuordnen seien, sondern i. S. e. *common heritage of mankind* (CHOM) der Völkergemeinschaft gehörten.[144] Damit ist vorrangig die Hoffnung nach einer besseren Erhaltung von Kulturgütern verknüpft, für die sich die gesamte Staatengemeinschaft verantwortlich fühlen soll.[145]

---

140 *Giannini*, Riv. trim. dir. pubbl. 26 (1976), S. 3 [25 f.].

141 *Giannini*, a. a. O., S. 26.

142 Ähnlich *Wyss*, Kultur als eine Dimension der Völkerrechtsordnung, S. 145 ff.

143 *Turner*, Restitutionsrecht nach Ausfuhr von Kulturgütern, S. 84 f.

144 *Dolzer*, in: *Dolzer/Jayme/Mußgnug*, Rechtsfragen des Kulturgüterschutzes, S. 13 [21].

145 *v. Schorlemer*, Kulturgüterschutz, S. 566 f.

dd) Stellungnahme

Zunächst ist festzuhalten, dass die Theorie des CHOM nicht im Widerspruch zu einer Theorie der nationalen Zugehörigkeit stehen muss, wie dies zunächst den Anschein hat. Die Theorie kann vielmehr von großer Bedeutung sein, wenn einzelne Staaten nicht willens oder nicht in der Lage sind, ihre eigenen Kulturgüter zu schützen. Sie ist damit als Ergänzung zum nationalen Kulturgüterschutz, nicht als Konkurrenz zu verstehen.[146]

Nicht überzeugen kann die Vorstellung, Kulturgüter seien mit dem Heimatstaat nur über das Eigentum oder das Eigentum der Staatsangehörigen verbunden. Der Schutz des nationalen Kulturerbes ist Ausfluss der staatlichen Souveränität.[147] Es sei hier noch einmal auf den eingangs entwickelten Kulturgut-Begriff hingewiesen, der die Funktionen des Kulturgüterschutzes für die öffentliche Gemeinschaft in den Blickpunkt rückt.[148] Von besonderer Wichtigkeit ist die identitätsstiftende Funktion, die ein „Lebensnerv"[149] des Staates sein kann. Das Recht des Staates, seine Kulturgüter zu schützen, kann daher nicht allein von seinem Privateigentum oder dem seiner Staatsangehörigen abhängig gemacht werden.

Damit stellt sich die Frage, welchem Staat Kulturgüter zugeordnet sind. Als Anknüpfungspunkte werden in der Literatur hauptsächlich die Nationalität des Urhebers für Kunstwerke[150] oder der aktuelle Belegenheitsort[151] diskutiert. Beide Konzepte sind aber zu eindimensional, um das Problem zu lösen. Eine Annäherung an die Lösung stellt dagegen die Vorstellung eines *„strongest link"*[152] dar, der in einer wertenden Gesamtbetrachtung zu ermitteln ist.

Zur Beantwortung der Frage muss erneut auf den oben entwickelten funktional-empirischen Kulturgüterbegriff zurückgegriffen werden. Kulturgüter erfüllen verschiedene Funktionen, die ihre besondere Bedeutung begründen und ihren Schutz rechtfertigen. Somit ist jeder Staat befugt, besondere Rechte an einem Kulturgut geltend zu machen, für den der Gegenstand diese Funktionen erfüllt. Das schließt die Möglichkeit ein, dass mehrere Staaten eine derartige Rechtsbeziehung zu einem Gegenstand haben. Beispielsweise wird kaum in Abrede zu stellen sein, dass Zeugnisse aus dem Frankenreich, z. B. Urkunden, so-

---

146 So auch *Fechner*, in: FS Mußgnug (2005), S. 485 [486]; *Wyss*, Kultur als eine Dimension der Völkerrechtsordnung, S. 145.

147 *Mußgnug*, in: FS Ress (2005), S. 1531 [1535].

148 Oben Zweiter Abschnitt D, S. 37 ff.

149 *Horn*, in: *Gornig/Horn/Murswiek*, Kulturgüterschutz, S. 134.

150 *Jayme*, Kunstwerk und Nation, S. 28.

151 *Mußgnug*, in: FS Ress, S. 1537.

152 *Greenfield*, Return of Cultural Treasures, S. 256.

wohl für Deutschland als auch für Frankreich eine überragende kulturelle Bedeutung haben.

Im Zweifel ist im Sinne des hier vertretenen funktional-empirischen Kulturgüterbegriffs darauf abzustellen, ob das Kulturgut tatsächlich eine entsprechende Bedeutung für den Staat hat, der einen Anspruch erhebt. Der Anspruchsteller muss schlüssig unter Verweis auf die Verbindung des Gegenstandes mit seiner Geschichte, Kunst oder Wissenschaft und deren Rezeption in allgemeiner und fachlicher Öffentlichkeit darlegen, dass ihm besondere Rechte daran zustehen.

ee) Konsequenzen für völkerrechtliche Haftungsansprüche

Als Konsequenz aus der hier vertretenen Auffassung ergibt sich, dass auch derjenige Staat zur Geltendmachung von Haftungsansprüchen befugt ist, der in tatsächlicher Hinsicht in besonders enger Beziehung zu dem betroffenen Kulturgut steht, selbst wenn weder ihm noch seinen Staatsangehörigen daran Eigentum zusteht.

In Bezug auf den Kulturgüterraub im Zweiten Weltkrieg ist etwa an die besonderen Rechte Israels an wichtigen Kultgegenständen der jüdischen Religion zu denken, insbesondere Synagogen-Ausstattungen wie Thora-Rollen.

3. Mehrheit von Anspruchsinhabern

Aus den obigen Ausführungen folgt in vielfacher Weise die Möglichkeit einer Mehrheit von Anspruchsinhabern. Als Beispiel soll der Fall dienen, dass ein im Eigentum eines Staatsangehörigen von A stehender Gegenstand, der für den Staat B eine überragende kulturelle Bedeutung hat, im Zuge eines bewaffneten Konflikts vom Staat T aus dem Gebiet von C verschleppt wird. Hier kann A gegenüber T im Wege des diplomatischen Schutzes Ansprüche geltend machen, B hat einen Anspruch, weil sein nationales Kulturerbe betroffen ist und C, weil die Verschleppung von seinem Territorium erfolgte.

Größere Schwierigkeiten bereitet die Mehrheit von Anspruchsinhabern nicht, wie ein Blick auf die Rechtsfolgenseite zeigt. Im Wege der Naturalrestitution können nämlich nicht etwa alle Staaten den Gegenstand an sich herausverlangen, sondern sie können alle nur die Rückführung an den ursprünglichen Belegenheitsort (C) verlangen, von wo aus der Staatsangehörige von A als Eigentümer über diesen verfügen kann. Ob der Gegenstand dem ursprünglichen Privateigentümer auch in einem anderen Staat zurückgegeben werden kann oder von diesem in einen Drittstaat verbracht werden darf, hängt von den Exportbestimmungen von C ab.

4. Zwischenergebnis zum richtigen Anspruchsinhaber

Passiv deliktsfähig sind nur Völkerrechtssubjekte, insbesondere Staaten und Völker. Privatpersonen sind nicht passiv deliktsfähig und können daher keine eigenen Ansprüche geltend machen.

Innerhalb der als passiv deliktsfähig in Betracht kommenden Anspruchsinhaber gilt es in einem zweiten Schritt, den richtigen Anspruchsinhaber zu ermitteln. Im Falle der Verletzung öffentlichen Eigentums ist dies der Eigentümer. Bei Privateigentum sind die Grundsätze des diplomatischen Schutzes anzuwenden. Anspruchsinhaber ist dann der Staat, dessen Staatsangehörige betroffen sind. Auch derjenige Staat kann einen Anspruch geltend machen, von dessen Territorium Kulturgüter verschleppt wurden. Schließlich können Staaten, die kraft der besonderen Bedeutung eines bestimmten Kulturguts für sie in einer besonderen Rechtsbeziehung zu diesem stehen, Anspruchsinhaber sein.

III. Aktive Deliktsfähigkeit

Unter aktiver Deliktsfähigkeit versteht man die Fähigkeit, ein völkerrechtliches Delikt zu begehen.[153] Dieses Merkmal bereitet keine Schwierigkeiten. Im international-bewaffneten Konflikt ist der verletzende Staat als Völkerrechtssubjekt aktiv deliktsfähig. Zu beachten ist allerdings, dass er nur haftet, wenn er völkerrechtlich handlungsfähig ist.[154] Keine Haftung trifft daher fremdbestimmte Staaten, so das Deutsche Reich in der Zeit von 1945 bis 1949.

IV. Zurechenbarkeit

Ein völkerrechtlicher Haftungsanspruch gegen einen Staat wird nur dann ausgelöst, wenn ein ihm zurechenbares Verhalten vorliegt.[155]

1. Organhaftung

Staaten haften für das Verhalten ihrer Organe.[156] Dabei kommen grundsätzlich sämtliche Staatsorgane in Betracht, also gesetzgebende, vollziehende und recht-

---

153 *Schlochauer*, AVR 16 (1973/75), S. 239 [247].

154 *v. Arnauld*, Völkerrecht, Rn. 381.

155 Art. 2 lit. a) i. V. m. Art. 4 ff. ILC-Entwurf zur *Staatenverantwortlichkeit*, *Herdegen*, Völkerrecht, § 58 Rn. 5; *Dupuy/Kerbrat*, Droit international public, Rn. 474.

156 Art. 4 ILC-Entwurf zur Staatenverantwortlichkeit; *Ipsen*, in: *ders.*, Völkerrecht, § 40 Rn. 3.

sprechende Gewalt. Beim Kulturgüterraub im bewaffneten Konflikt ist in erster Linie an das Militär zu denken, also die Soldaten, aber auch die Besatzungsverwaltung.

a) Haftungserweiterung gemäß Art. 3 des Abkommens, betreffend die Gesetze und Gebräuche des Landkrieges

Von besonderer Bedeutung ist Art. 3 des Abkommens, betreffend die Gesetze und Gebräuche des Landkriegs. Gemäß dieser Vorschrift ist der Staat für alle Handlungen der Angehörigen seiner Streitkräfte auf besetztem Gebiet haftbar. Darin liegt im Vergleich zur allgemeinen Staatenverantwortlichkeit eine Haftungserweiterung, weil es nicht darauf ankommt, ob Soldaten dienstlich oder außerdienstlich handeln. Im Krieg bzw. während einer militärischen Besetzung sind Soldaten *immer* im Dienst, stets Organ ihres Staates. Deshalb haftet der Staat auch dann, wenn diese „außerhalb des Dienstes“ zu privaten Zwecken Kulturgegenstände „mitgehen lassen“.[157] So bestand ein deutscher Haftungsanspruch gegen die U. S. A. wegen der Verschleppung des Quedlinburger Domschatzes, obwohl dieser von U.-S.-Soldaten „privat“ und im Widerspruch zu amerikanischen Militärbefehlen gestohlen wurde.[158]

b) Haftung für ultra-vires-Akte

Seit dem *Caire*-Fall[159] hat sich außerdem etabliert, dass selbst Handeln *ultra vires* zurechenbar ist.[160] Für das Handeln von Besatzungssoldaten folgt dies bereits aus den vorherigen Ausführungen. Denn wenn der Staat schon für deren privates Handeln haftet, so muss dies erst recht für Handeln im Dienst gelten und sei es auch im Widerspruch zu dienstlichen Anweisungen.

157 *Freeman*, RdC 88 (1955 II), S. 263 [335]; *Dahm/Delbrück/Wolfrum*, S. 901. Etwas anderes gilt, wenn sich im Frieden Soldaten aufgrund einer zwischenstaatlichen Vereinbarung auf fremdem Hoheitsgebiet aufhalten, z. B. im Rahmen der NATO.

158 *Anton*, Illegaler Kulturgüterverkehr, Rn. IV 18; der Quedlinburger Domschatz gelangte nach seiner Wiederentdeckung schließlich im Wege des außergerichtlichen Vergleichs zurück nach Deutschland.

159 Gemischte französisch-mexikanische Schiedskommission, *Estate of Jean-Baptiste Caire (France) v. United Mexican States*, Schiedsspruch v. 07.06.1929, RIAA 5, S. 516 [528 ff.].

160 Art. 7 ILC-Entwurf zur Staatenverantwortlichkeit; *Herdegen*, Völkerrecht, § 58 Rn. 5; *v. Arnauld*, Völkerrecht, Rn. 403.

c) Haftung bei Regierungswechsel

Hinzuweisen ist schließlich darauf, dass der Wechsel der Regierung keinen Einfluss auf die Zurechenbarkeit des Verhaltens früherer Organe hat.[161] So kann sich die Bundesrepublik wegen der Identität mit dem Völkerrechtssubjekt Deutsches Reich nicht darauf berufen, das deliktische Verhalten sei durch eine inzwischen abgeschaffte Diktatur begangen worden.

2. Organleihe

Als Organleihe wird die Überlassung von Funktionsträgern durch einen Staat an ein anderes Völkerrechtssubjekt bezeichnet. Nach dem ILC-Entwurf zur Staatenverantwortlichkeit haftet in einem solchen Fall der „Entleiher".[162] Der EGMR ist der Meinung, für Verletzungen des humanitären Völkerrechts durch UNMIK- und KFOR-Truppen im Rahmen des Kosovo-Einsatzes könnten nicht die Mitgliedsstaaten haftbar gemacht werden, da die Verantwortung und Kontrolle in den Händen des VN-Sicherheitsrates liege.[163]

3. Sonderproblem Russland: Haftung für Verletzungshandlungen der Sowjetunion

Hinsichtlich von Haftungsansprüchen wegen der Verschleppung von Kulturgütern durch die Sowjetunion stellt sich das Sonderproblem, dass in der Völkerrechtslehre umstritten ist, ob Russland als Völkerrechtssubjekt identisch mit der früheren Sowjetunion ist.

Im deutschen Schrifttum hat sich in Anlehnung an eine umfangreiche Untersuchung *Schweisfurths*[164] die Auffassung durchgesetzt, Russland und die Sowjetunion seien nicht subjektidentisch.[165] Um zu begründen, warum Russland gleichwohl, wie ausdrücklich per Verbalnote des Außenministeriums an die Moskauer Missionschefs erklärt,[166] vollumfänglich in die vertraglichen Pflichten

161 *Dahm/Delbrück/Wolfrum*, Völkerrecht I/3, S. 895; *Gornig*, Eigentum und Enteignung, S. 66.

162 Art. 6 ILC-Entwurf zur Staatenverantwortlichkeit.

163 EGMR, *Behrami und Saramati v. Frankreich et al.*, Urt. v. 02.05.2007, EuGRZ 2007, S. 522.

164 *Schweisfurth*, ZaöRV 52 (1992), S. 541 [636 ff.].

165 *Hailbronner/Kau*, in: *Graf Vitzthum*, Völkerrecht, Rn. III 183; a. A. allerdings *Kembayev*, AVR 46 (2008), S. 106 [121].

166 Verbalnote des Ministeriums für Auswärtige Angelegenheiten der Russischen Föderation v. 13.02.1992 an die in Moskau akkreditierten Missionschefs, dt. Übersetzung in BGBl. 1992 II, S. 1016.

der Sowjetunion eingetreten ist, außerdem gemäß Verbalnote des russischen Präsidenten an den VN-Generalsekretär[167] den ständigen Sitz der Sowjetunion im VN-Sicherheitsrats übernommen hat, wurde der Begriff des „Fortsetzerstaats" entwickelt.[168]

Die h. L. des deutschen Schrifttums kann nicht überzeugen. Der Begriff des Fortsetzerstaates ist eine Neuschöpfung, die dem Recht der Staatensukzession fremd ist.[169] Die Position *Schweisfurths* beruht auf einer Analyse staatsrechtlicher und politischer Umwälzungen auf dem Weg von der Sowjetunion zum heutigen Russland.[170] Diese Überlegungen sind von vorneherein nicht geeignet, den Untergang der Sowjetunion als Völkerrechtssubjekt zu belegen. Denn wie bereits am Beispiel der Identität zwischen dem Deutschen Reich und der heutigen Bundesrepublik deutlich wird, kommt es für die völkerrechtliche Subjektidentität auf Umwälzungen des Staatsrechts nicht an, mögen diese auch noch so groß sein. Wenn in der Deklaration von Alma Ata das Ende der Existenz der Sowjetunion erklärt wird,[171] so bezieht sich dies eben nicht auf die Sowjetunion im *völker*-, sondern im *staats*rechtlichen Sinne.[172]

Völkerrechtlich kann die Sowjetunion schon deshalb nicht untergegangen sein, weil es ansonsten zur Übernahme des sowjetischen Sitzes im VN-Sicherheitsrat einer Änderung der VN-Charta bedurft hätte.[173] Auch die Staatenpraxis spricht für eine Kontinuität: Frankreich hat Russland mangels Neuentstehung nicht neu als Völkerrechtssubjekt anerkannt;[174] das Vereinigte Königreich hat wegen der Kontinuität zwischen Russland und der Sowjetunion die Neuakkreditierung des russischen Botschafters für unnötig befunden.[175]

Deshalb hat die Theorie vom „Fortsetzerstaat" in der ausländischen völkerrechtlichen Literatur keinerlei Anklang gefunden: Die englische[176] und französi-

167 Verbalnote des Präsidenten der Russischen Föderation an den UN-Generalsekretär v. 24.12.1991, dt. Übersetzung in BGBl. 1992 II, S. 1016.

168 *Schweisfurth*, ZaöRV 52 (1992), S. 541 [688 ff.].

169 *Kembayev* legt überzeugend dar, dass dieser Begriff nichts anderes als die völkerrechtliche Identität Russlands mit der Sowjetunion in neuem staatsrechtlichen Gewand beschreibt, AVR 46 (2008), S. 106 [122 ff.].

170 Vgl. *Schweisfurth*, a. a. O., S. 630 ff.

171 Deklaration von Alma Ata v. 21.12.1991, engl. Übersetzung in ILM 36 (1992), S. 148 f.

172 Ähnlich *Kembayev*, AVR 46 (2008), S. 106 [118].

173 *Bothe/Schmidt*, RGDIP 96 (1992), S. 811 [823 f., 838].

174 Mitteilung in AFDI 1993, S. 1038.

175 Erklärung des stv. Außenministers des Vereinigten Königreichs v. 15.01.1992, BYIL 63 (1992), S. 652.

176 *Shaw*, International Law, S. 960 ff.

sche[177] Lehre gehen unter Hinweis auf die Übernahme des ständigen Sitzes im VN-Sicherheitsrat wie selbstverständlich von einer Kontinuität aus.

Die Frage der Kontinuität zwischen der Sowjetunion und Russland ist für deutsche Haftungsansprüche wegen des Kulturgüterraubs durch die Sowjetunion von großer Bedeutung, weil sich im Recht der Staatensukzession vor allem die *cleanslate*-Theorie[178] als wohl noch h. M. und die Theorie eines Forderungsübergangs[179] gegenüberstehen. Solange sich die neue Lehre nicht durchsetzen kann, müsste man mit dem Untergang der Sowjetunion auch von einem Untergang deutscher Haftungsansprüche ausgehen.

Allerdings gilt folgende Einschränkung: 1998 erließ Russland das Beutekunstgesetz, mit dem es das Eigentum an den aus Deutschland verschleppten Kulturgütern beansprucht.[180] Dieses Gesetz manifestiert den rechtswidrigen Zustand, der mit der Verschleppung aus Deutschland geschaffen wurde. Russland hat sich somit das deliktische Verhalten der Sowjetunion zu eigen gemacht, was Haftungsansprüche unmittelbar gegen Russland selbst auslöst.[181]

Zudem stellt das Gesetz eine eigene Völkerrechtsverletzung dar, denn wenn schon keine Haftungsansprüche übergingen, so war Russland doch immerhin durch die Erlangung deutscher Kulturgüter rechtsgrundlos bereichert.[182] Die Vereitelung eines daraus resultierenden Herausgabeanspruchs löst ebenfalls einen völkerrechtlichen Haftungsanspruch aus.

Deshalb steht längst nicht mehr nur die Haftung Russlands für deliktisches Verhalten der Sowjetunion in Rede, sondern auch die Haftung für eigene Völkerrechtsverletzungen. Diese liegen in der Perpetuierung des rechtswidrigen Zustandes der Belegenheit verschleppten deutschen Kulturguts auf dem Gebiet Russlands.

4. Handeln von Privatpersonen

Für das Handeln von Privatpersonen kann ein Staat i. d. R. nicht haftbar gemacht werden.[183]

Einen interessanten Fall zur Verdeutlichung stellt die Plünderung des irakischen Nationalmuseums in Bagdad im letzten Golfkrieg dar. Die wertvollen

---

177 *Dupuy/Kerbrat*, Droit international public, Rn. 71.

178 So ausführlich *Hurst*, BYIL 5 (1924), S. 163 [178], die betont, die Verantwortlichkeit sei nicht an das Territorium, sondern an den Staat gebunden.

179 *Dumberry*, GYIL 49 (2006), S. 413 [444].

180 Art. 6 Beutekunstgesetz.

181 Art. 11 ILC-Entwurf zur Staatenverantwortlichkeit.

182 *Jenschke*, Rückgabeanspruch Kulturgüter, S. 197.

183 *Schröder*, in: *Graf Vitzthum*, Völkerrecht, Rn. 25; *Herdegen*, Völkerrecht, § 58 Rn. 6.

Stücke des Museums wurden nicht von U.-S.-Soldaten entwendet. Vielmehr nutzten Privatleute die chaotische Situation während und kurz nach den Kämpfen, um sich in den Besitz dieser Stücke zu bringen. Die U.-S.-Armee unternahm zunächst nichts dagegen.[184] Können die U. S. A. haftbar gemacht werden?

Zwar haftet ein Staat nicht für das Handeln von Privatpersonen. Wohl aber kann sich eine Haftung aus pflichtwidrigem Unterlassen seiner Organe ergeben.[185] Gemäß Art. 43 HLKO ist eine Besatzungsmacht verpflichtet, die öffentliche Ordnung wiederherzustellen. Art. 4 Abs. 3 HK-1954 fügt hinzu: „The High Contracting Parties further undertake [to] put a stop to any form of theft, pillage or misappropriation".

Nach richtiger Ansicht folgt aus diesen Vorschriften eine Pflicht der Besatzungsmacht, Kulturgüter vor Diebstahl durch Privatleute zu schützen.[186] Denn da der besetzte Staat selbst diesen Schutz nicht mehr gewährleisten kann, wäre sein Kulturgut andernfalls schutzlos privaten Schatzgräbern ausgeliefert. Außerdem spricht auch der Wortlaut für eine Schutzpflicht. Denn die Termini Diebstahl und Plünderung unterscheiden sich gerade dadurch, dass ein Diebstahl von Privatpersonen, eine Plünderung hingegen von Soldaten begangen wird.[187] Die Vertragsstaaten haben sich aber verpflichtet, beides zu verhindern.

Eine Verletzung dieser Schutzpflichten führt also zur Haftbarkeit der Besatzungsmacht. Dogmatisch handelt es sich dann allerdings nicht um Haftung für das Handeln von Privatpersonen, sondern um eine Haftung für die zuständigen Organe, die ihren Handlungspflichten nicht nachgekommen sind.[188]

5. Zwischenergebnis zur Zurechenbarkeit

Staaten haften für das Verhalten ihrer Organe, also z. B. ihrer Soldaten und Besatzungsverwaltungen. Der „Einsatzstab Rosenberg" handelte im Auftrag des Deutschen Reichs,[189] sein Verhalten ist Deutschland somit zuzurechnen. Problematisch ist, ob die durch die Sowjetunion begangenen Völkerrechtsverletzun-

---

184 *v. Schorlemer*, in: *Nafziger/Nicgorski*, Cultural Heritage Issues, S. 137 [143].

185 Vgl. Art. 2 des ILC-Entwurfs zur Staatenverantwortlichkeit.

186 Dies ist nicht unumstritten, vgl. *v. Schorlemer*, a. a. O., S. 144 ff.

187 Das heutige WStG enthält keinen eigenen Straftatbestand der Plünderung mehr, sodass nur noch § 242 StGB einschlägig ist. Früher war die Plünderung im deutschen Militärstrafrecht durch § 129 MStGB geregelt (RGBl. 1872, S. 174 ff.). In anderen Ländern ist der Tatbestand der Plünderung bis heute meist speziell geregelt, z. B. in Frankreich durch Art. L 322-4 Code de justice militaire.

188 *Schlochauer* bezeichnet dies als „sekundäre Deliktshaftung", AVR 16 (1973/75), S. 239 [253 ff.].

189 *Stumpf*, Kulturgüterschutz, S. 73.

gen dem heutigen Russland zuzurechnen sind. Nach zutreffender Ansicht ist Russland mit der vormaligen Sowjetunion als Völkerrechtssubjekt identisch, sodass Russland schon aus diesem Grund haftet. Folgt man der im deutschen Schrifttum vorherrschenden Gegenansicht, so kann auf das russische Beutekunstgesetz von 1998 abgestellt werden, das seinerseits einen Bruch des Völkerrechts darstellt und Haftungsansprüche auslöst.

V. Normverstoß

Ein völkerrechtliches Delikt setzt einen Normverstoß voraus.[190]

1. Verstöße gegen Völkervertragsrecht

Die Verschleppung fremden Kulturguts im Kriege verstößt gegen völkervertragsrechtliche Normen.

a) Haager Landkriegsordnung

Art. 46 HLKO schützt das Privateigentum, Art. 47 HLKO bekräftigt das Plünderungsverbot. Gemäß dem modernen Völkerrecht ist das Beuterecht in Bezug auf Privateigentum somit beseitigt.[191] Gemäß Art. 56 HLKO ist das öffentliche Eigentum an Kulturgütern dem Privateigentum gleichgestellt, sodass auch die Verschleppung von Kulturgütern in öffentlichem Eigentum untersagt ist.[192]

Diese Regelungen entsprechen den Regelungen der Art. 46, 47 und 56 HLKO-1899.[193] Gemäß Art. 4 des Haager Abkommens von 1907 ersetzt aber die neue HLKO diese Vorschriften im Verhältnis zu den Vertragsparteien des Abkommens von 1907, sodass der HLKO-1899 nur noch eine eingeschränkte Bedeutung zukommt.

b) Haager Konvention von 1954

Art. 4 Abs. 3 HK-1954 verbietet ausdrücklich jede Art von Diebstahl, Plünderung oder sonstiger widerrechtlicher Inbesitznahme; verboten ist nach dem ausdrücklichen Wortlaut bereits die Beschlagnahme. Darüber hinaus verlangt das Abkommen, derartiges Verhalten zu unterbinden, sodass eine Verletzung auch

---

190 Art. 1 ILC-Entwurfs zur Staatenverantwortlichkeit.

191 *Jaeger*, Internationaler Kulturgüterschutz, S. 15.

192 *Fiedler*, Kulturgüter als Kriegsbeute, S. 25; *Mußgnug,* in: FS Jeserich, S. 333 [334]; *Kilian*, NZWehrR, S. 41 [48].

193 Haager Landkriegsordnung von 1899, Anlage zum Haager Abkommen, betreffend die Gesetze und Gebräuche des Landkriegs v. 27.07.1899, RGBl. 1901, S. 423 ff.

dann vorliegt, wenn die Besatzungsmacht es unterlässt, gegen private Plünderer vorzugehen.[194]

c) Zweites Protokoll zur Haager Konvention von 1954

Die Bestimmungen der HK-1954 werden in Art. 9 des Zweiten Protokolls vom 26. März 1999 bekräftigt.[195]

2. Verstoß gegen Völkergewohnheitsrecht

Problematisch ist, ob die Verschleppung von Kulturgütern auch gegen Völkergewohnheitsrecht verstößt und seit wann ggf. derartiges Völkergewohnheitsrecht besteht. Diese Frage ist von Bedeutung für die Geschehnisse im Zweiten Weltkrieg, denn die HK-1954 ist wegen ihres späteren Inkrafttretens und die HLKO ist wegen der Allbeteiligtenklausel[196] jedenfalls nicht direkt anwendbar. Da es bis heute Staaten gibt, die der HLKO bzw. dem HK-1954 nicht beigetreten sind,[197] kann die Anwendung des einschlägigen Völkergewohnheitsrechts auch in Zukunft noch Bedeutung haben.

a) Rechtspraxis

Ausgangspunkt für den Nachweis von Gewohnheitsrecht ist eine Rechtspraxis. Tatsächlich war es über Jahrhunderte üblich, Kulturgüter anderer Länder auszu-

---

194 Zu einem ähnlichen Ergebnis gelangt man unter Anwendung von Art. 43 HLKO, vgl. oben B.IV.4., S. 65 f.

195 Zweites Protokoll zur Haager Konvention von 1954 zum Schutz von Kulturgut bei bewaffneten Konflikten v. 26.03.1999, BGBl. 2009 II, S. 717 ff. (im Folgenden: HK-1954 ZP II).

196 Die HLKO ist gemäß Art. 2 des Haager Abkommens von 1907 nur anwendbar, wenn sämtliche Kriegsparteien Vertragsparteien sind. Italien ist aber bis heute (!) nicht Vertragspartei der HLKO, vgl. Ratifikationstabelle im Fundstellennachweis B zum BGBl., S. 273. Daraus folgt, dass die HLKO nur insoweit für den Zweiten Weltkrieg anwendbar ist, als sie Völkergewohnheitsrecht widerspiegelt, *Schoen*, Beutekunst, S. 41. Zwar ist Italien Vertragspartei des Haager Abkommens von 1899. Hier wiederum sind aber beispielsweise die U. S. A. nie Vertragspartei gewesen, sodass fraglich ist, ob für den Zweiten Weltkrieg überhaupt eines der beiden Abkommen unmittelbar Anwendung findet.

197 Als prominentes Beispiel ist das Vereinigte Königreich nicht Vertragspartei des Haager Abkommens von 1954, vgl. die Ratifikationstabelle im Fundstellennachweis B zum BGBl., S. 419.

plündern und als Kriegsbeute zu verschleppen.[198] Noch das Preußische Allgemeine Landrecht von 1794 erklärt das Beuterecht zum gültigen Eigentumserwerbstitel.[199]

Fraglich ist allerdings, ob die einschlägigen Vorschriften des ALR sich überhaupt auf Kulturgüter bezogen. Ihre Geltung für Kulturgüter wird zwar nicht *expressis verbis* ausgeschlossen. Bereits der Westfälische Friede von 1648 sah jedoch eine Rückgabe verschleppten Kulturguts vor.[200] Im Anschluss an den amerikanischen Unabhängigkeitskrieg entschied 1813 ein Gericht der britischen Vize-Admiralität, auf See beschlagnahmte Kunstwerke an den ursprünglichen Eigentümer herauszugeben.[201] Nach dem Wiener Kongress musste Frankreich die auf den napoleonischen Beutezügen eroberten Kunstschätze wieder herausgeben.[202] Im Deutsch-Französischen Krieg und im Krimkrieg wurden Kulturgüter nicht mehr als Kriegsbeute genommen.[203] Somit ist anhand zahlreicher Beispiele belegt, dass bereits im 19. Jahrhundert die Verschleppung von Kulturgütern von der Staatengemeinschaft geächtet war.[204]

b) Rechtsüberzeugung

Ferner müsste die Rechtspraxis von einer *opinio iuris* getragen sein. Bereits *de Vattel* kritisiert in seinem Lehrbuch von 1758 das allgemeine Beuterecht.[205] Explizit zu Kulturgütern äußert er sich jedoch nur hinsichtlich ihrer Zerstörung, die er für verboten hält.[206] Schon im bereits erwähnten Urteil der britischen Vize-Admiralität von 1813 heißt es aber wörtlich: „The arts and sciences are admitted amongst all civilized nations, as forming an exception to the severe rights of

---

198 Gegenbeispiele sind z. B. der Schutz von Olympia, Delos und Delphi im antiken Griechenland, sowie ein besonderer Schutz für Tempel in Japan ab dem 15. Jahrhundert, vgl. *Irmscher*, in: *Gornig/Horn/Murswiek*, Kulturgüterschutz, S. 65 [69].

199 I.9 §§ 194 ff. ALR.

200 Rückerstattung von Archivgut: Art. 16 § 15 IPO.

201 Court of Vice-Admiralty, *The Marquis de Somerueles* (Mr. Black v. den Staat), Urt. v. 21.04.1813, abgedruckt bei *Hollander*, Law of Art, S. 250 ff.

202 *Nahlik*, RdC 120 (1967), S. 61 [78 ff.]; *Odendahl*, Kulturgüterschutz, S. 125.

203 *Rudolf*, in: FS Doehring, S. 853 [856].

204 Ebenso: *Herdegen*, in: *Dolzer/Jayme/Mußgnug*, Rechtsfragen des Kulturgüterschutzes, S. 161 [163]; *Rudolf*, in: FS Doehring, S. 853 [856]; *O'Keefe*, Protection of Cultural Property, S. 13 ff.; a. A.: *Carducci*, RGDIP 2000, S. 289, der auf eine angeblich fehlende Uniformität der Rechtspraxis [S. 306] und ihre mangelnde Akzeptanz außerhalb Europas [S. 307 f.] abstellt.

205 *de Vattel*, Droit des Gens II, § 164.

206 *de Vattel*, a. a. O., § 168.

warfare, and as entitled to favour and protection“[207]. Zwar ist häufig behauptet worden, das Gericht habe eine spätere Rechtsüberzeugung vorweggenommen.[208] Dagegen spricht aber, dass das britische Gericht mit seiner Meinung schon zu diesem Zeitpunkt nicht allein stand: Am 11. September 1815 trat *Lord Castlereagh*, damals britischer Außenminister, in einer Verbalnote gegenüber den Bevollmächtigten Österreichs, Preußens und Russlands für „the restoration of the Statues, Picture [sic!], and other Works of Art, of which their respective States have been successively and systematically stripped by the late Revolutionary Government of France, contrary to every principle of justice, and to the usages of modern warfare“[209] ein.

Dahinter bleibt *Bluntschli* in seinen Lehrbüchern von 1866 und 1871 zurück: Zwar hält er die Zerstörung von Kulturgütern für strikt verboten.[210] Hinsichtlich der Verschleppung legt sich *Bluntschli* für das *öffentlichen* Eigentums allerdings nur darauf fest, die Regelung der Eigentumsfrage bleibe dem Friedensvertrag vorbehalten; verboten sei lediglich der Verkauf oder die Verschenkung vor dieser abschließenden Regelung.[211] Für das *Privat*eigentum gilt dagegen auch nach *Bluntschli* ein umfassender Schutz.[212] Nach *de Martens*[213] (1886) sind Kulturgüter umfassend geschützt, gleichviel, ob sie sich in privatem oder öffentlichem Eigentum befinden.

Die Position *Bluntschlis* entspricht der Regelung der *Lieber-Instructions*.[214] Diese waren im amerikanischen Bürgerkrieg von einem New Yorker Professor ausgearbeitet und nach einer Überarbeitung von Präsident *Lincoln* verkündet worden. Der Position *de Martens* entspricht die Brüsseler Deklaration von 1874, dem Ergebnis einer Staatenkonferenz auf Initiative des russischen Zaren Alexander II.[215] Den Schutz jeglichen Kulturguts vor Beschlagnahme sah auch ein im Auftrag des Institut de Droit International 1880 von einer Kommission von

207 Court of Vice-Admiralty, *The Marquis de Somerueles* (Mr. Black v. the State), Urt. v. 21.04.1813, abgedruckt bei *Hollander*, Law of Art, S. 250.

208 So *Fiedler*, in: FS Doehring, S. 199 [205].

209 Verbalnote von Lord Castlereagh an die Bevollmächtigten Österreichs, Preußens und Russlands v. 11.09.1815, abgedruckt in *de Martens*, Nouveau Recueil de Traités, S. 632.

210 *Bluntschli*, Kriegsrecht, § 137; *ders.*, Völkerrecht, § 649.

211 *Bluntschli*, Kriegsrecht, § 138; *ders.*, Völkerrecht, § 650.

212 *Bluntschli*, Kriegsrecht, § 139; *ders.*, Völkerrecht, § 652.

213 *de Martens*, Völkerrecht II, § 120.

214 Art. 36 der *Lieber-Instructions*; Wiedergabe in: *Schindler/Toman*, Laws of Armed Conflicts, Nr. 1, S. 3 ff.

215 Kulturgüter sind gemäß Art. 8 der Brüsseler Deklaration Privateigentum gleichgestellt, für das gemäß Art. 38, 39 der Deklaration ein striktes Beschlagnahme-Verbot gilt; Wiedergabe in: *Schindler/Toman*, a. a. O., Nr. 2, S. 21 ff.

Völkerrechtsgelehrten entworfenes Handbuch des Kriegsrechts vor.[216] Die Gleichstellung öffentlicher und privater Kulturgüter hat sich mit der Regelung von Art. 56 HLKO-1899 letztlich durchsetzen können.

c) Schlussfolgerungen

Die Untersuchung von Rechtspraxis und Rechtsüberzeugung zeigt, dass jedenfalls mit Ende des 19. Jahrhunderts die Beschlagnahme und Verschleppung von Kulturgütern gewohnheitsrechtlich untersagt war,[217] und zwar unabhängig davon, ob diese sich in öffentlichem oder privatem Eigentum befanden. Dies gilt erst recht heute nach den Kodifikationen in der HLKO und in der HK-1954. Im Zweiten Weltkrieg galt gewohnheitsrechtlich ein absolutes Verbot der Beschlagnahme und Verschleppung von Kulturgütern.

3. Zwischenergebnis zum Normverstoß

Die Beschlagnahme und Verschleppung von Kulturgütern in privatem oder öffentlichen Eigentum verstößt gegen die HLKO-1899, gegen die HLKO, gegen die HK-1954 und gegen das HK-1954 ZP II, außerdem jedenfalls seit Ende des 19. Jahrhunderts gegen Völkergewohnheitsrecht.

VI. Rechtfertigung

Fraglich ist, unter welchen Umständen die Beschlagnahme und Verschleppung von Kulturgütern ausnahmsweise gerechtfertigt ist. Im Zusammenhang mit der Verschleppung deutschen Kulturguts in die Sowjetunion sind verschiedene Rechtfertigungen vorgetragen worden, die es einer Nachprüfung zu unterziehen gilt.

1. Gegenmaßnahme als Reaktion auf Beginn eines rechtswidrigen Angriffskriegs

Das russische Verfassungsgericht behauptet, die Verschleppung deutschen Kulturguts sei bereits wegen des von Deutschland begonnen rechtswidrigen An-

216 § 53 Manuel des lois de la guerre sur terre, AnnIDI 5 (1882), S. 157 ff.

217 Ebenso *Fiedler*, in: FS Doehring, S. 199 [210 f.]; ausführlich *Schoen*, Beutekunst, S. 124 ff.; bereits mit dem Wiener Kongress: *Buhse*, Schutz von Kulturgut im Krieg, S. 2; erst im Zuge des Zweiten Weltkriegs: *Walter*, Rückführung von Kulturgut, S. 78 ff.; erst als Ergebnis des Haager Abkommens von 1954: *Carducci*, RGDIP 104 (2000), S. 289 [340 ff.].

griffskriegs gerechtfertigt.[218] Richtig ist, dass der Überfall des Deutschen Reichs auf die Sowjetunion rechtswidrig war; er verstieß gegen Art. 1 des Vertrages über die Ächtung des Krieges (Briand-Kellog-Pakt)[219] sowie gegen Art. 1 des deutsch-sowjetischen Nichtangriffspakts[220].

Jedoch gehört das Verbot der Beschlagnahme fremden Kulturguts zum *ius in bello*, das vom *ius ad bellum* und der Kriegsschuldfrage strikt zu trennen ist. Das *ius in bello* schützt deshalb auch denjenigen, der unter Verstoß gegen das *ius contra bellum* einen Krieg beginnt.[221] Als *Rechtfertigung* für den Verstoß gegen die einschlägigen Verbotsnormen des Völkervertrags- und Völkergewohnheitsrechts ist der Verweis auf die Rechtswidrigkeit des deutschen Angriffs auf die Sowjetunion daher unergiebig. Allenfalls kommen Zurückbehaltungsrechte wegen kompensatorischer Restitution in Betracht, die an späterer Stelle diskutiert werden.[222]

2. Repressalie

Fraglich ist, ob die Verschleppung deutscher Kulturgüter als Repressalie auf deutsche Verletzungen des *ius in bello*, namentlich durch den Kulturgüterraub während des Ostfeldzugs, gerechtfertigt ist. Unter Repressalie versteht man ein an sich völkerrechtswidriges, aber gerechtfertigtes Handeln, das als Reaktion auf völkerrechtswidriges Verhalten eines anderen Staates diesen zur Rückkehr zu völkerrechtsmäßigem Handeln veranlassen soll.[223]

Gegen Kulturgüter sind Repressalien jedoch unzulässig, wie es ausdrücklich Art. 4 Abs. 4 HK-1954 bestimmt. Diese Bestimmung wurde durch Art. 53 lit. c) ZP I bekräftigt. Geltungsgrund für das Verbot von Repressalien gegen Kulturgüter ist die besondere Bedrohung, die derartige Maßnahmen für sie darstellen.[224] Dass Kulturgüter nicht zum Gegenstand von Repressalien gemacht werden dürfen, wird heute auch daran deutlich, dass bestimmte gegen Kulturgüter gerichte-

---

218 Конституционный Суд Российской Федерации (Verfassungsgericht der Russischen Föderation), Beschl. v. 20.07.1999, zit. nach dt. Übersetzung in EuGRZ 1999, S. 589 [591]; ebenso: *Nevelev*, GYIL 42 (1999), S. 337 [373].

219 Vertrag über die Ächtung des Krieges (Briand-Kellogg-Pakt) v. 27.08.1928, RGBl. 1929 II, S. 97.

220 Nichtangriffsvertrag zwischen Deutschland und der Union der Sozialistischen Sowjetrepubliken vom 23.08.1939, RGBl. 1939 II, S. 968 f.

221 *Giladi*, IsLR 41 (2008), S. 246 [265 f.].

222 Unten B.X.3., S. 77 ff. und B.XI., S. 81 f.

223 Art. 49 ff. ILC-Entwurf zur Staatenverantwortlichkeit; *Herdegen*, Völkerrecht, § 59 Rn. 6.

224 *v. Schorlemer*, Kulturgüterschutz, S. 288.

te Handlungen als Kriegsverbrechen strafbar sind.[225] Nach der h. M gehört das Verbot, Kulturgüter zum Gegenstand von Repressalien zu machen, von Anfang an zum völkergewohnheitsrechtlichen Kulturgüterschutz; es gilt also bereits seit dem 19. Jahrhundert.[226]

Selbst wenn man meint, das Repressalienrecht sei zur Zeit des Zweiten Weltkriegs auf Kulturgüter noch anwendbar gewesen, gilt Folgendes: Da die Repressalie nur darauf gerichtet sein darf, den damit belegten Staat zur Rückkehr zu völkerrechtsmäßigem Verhalten anzuhalten, ist die Repressalie unverzüglich einzustellen, sobald dieser Zweck erreicht ist.[227] Die Verschleppung deutschen Kulturguts während der Besatzungszeit erfolgte aber zu einem Zeitpunkt, als das Deutsche Reich durch bedingungslose Kapitulation handlungsunfähig geworden und das von ihm ausgegangene völkerrechtswidrige Verhalten somit eingestellt war. Etwaige Repressalien gegen deutsche Kulturgüter während der Besatzungszeit hätten somit von Anfang an ihren Zweck verfehlt und waren damit jedenfalls unter diesem Gesichtspunkt rechtswidrig.

3. Geschäftsführung ohne Auftrag

Das Rechtsinstitut der Geschäftsführung ohne Auftrag, wie es beispielsweise in §§ 677 ff. BGB oder Art. 1372 ff. C. civ. niedergelegt ist, findet als allgemeiner Rechtsgrundsatz i. S. v. Art. 38 lit. c) IGH-Statut auch im Völkerrecht Anwendung.[228] Denkbar ist deshalb, dass ein Staat Kulturgüter zu ihrer Sicherung vor Kriegsschäden zunächst an einen sicheren Ort, nötigenfalls auch auf sein eigenes Territorium verbringt. In diesem Fall ist die Beschlagnahme, sofern erforderlich, gerechtfertigt. Freilich ist der geschäftsführende Staat, wie nach nationalen Recht auch, verpflichtet, das Geschäft im Interesse des Geschäftsherrn zu führen[229] und diesem alles, was er aus der Geschäftsführung erlangt, herauszugeben.[230]

Daraus folgt, dass nur im Ausnahmefall dieses Rechtsinstitut überhaupt die Verbringung von Kulturgut über die Landesgrenzen rechtfertigen kann, nämlich dann, wenn dies zu dessen Sicherung zwingend erforderlich ist. Das gesicherte Gut ist außerdem unverzüglich nach Ende der Feindseligkeiten zurückzubrin-

225 Art. 8 Abs. 2 lit. b) ix) IStGH-Statut.

226 *Engstler*, Territoriale Bindung von Kulturgütern, S. 220; *Jenschke*, Rückgabeanspruch Kulturgüter, S. 266.

227 Art. 52 Abs. 3 lit. a) ILC-Entwurf zur Staatenverantwortlichkeit; *Gornig*, Eigentum und Enteignung, S. 59.

228 *Jenschke*, Rückgabeanspruch Kulturgüter, S. 221.

229 § 677 BGB; Art. 1374 Abs. 1 C. civ.

230 § 681 S. 2 i. V. m. § 667 BGB; Art. 1372 Abs. 2 i. V. m. Art. 1993 C. civ.

gen. Bezüglich der Verschleppung deutschen Kulturguts in die Sowjetunion ist das Rechtsinstitut der Geschäftsführung ohne Auftrag daher völlig unergiebig: Sie lag von Anfang an nicht im deutschen Interesse.[231]

4. Zwischenergebnis zur Rechtfertigung

Das Verbot der Beschlagnahme und Verschleppung von Kulturgütern gilt unabhängig von der Kriegsschuldfrage. Auch legitime Selbstverteidigung i. S. v. Art. 51 VN-Charta rechtfertigt daher keine Verstöße gegen Kulturgüterschutzbestimmungen. Kulturgüter können auch nicht zum Gegenstand von Repressalien gemacht werden. Einzig verbleibender Rechtfertigungsgrund ist die Geschäftsführung ohne Auftrag. Sie rechtfertigt eine vorübergehende Beschlagnahme und Verbringung von Kulturgütern, wenn dies zu deren Schutz vor Kriegshandlungen erforderlich ist und sie unverzüglich nach Kriegsende zurückgebracht werden.

VII. Schaden

Es ist umstritten, ob das völkerrechtliche Delikt einen Schaden voraussetzt.[232] Dieser Streit ist für den Kulturgüterraub jedoch bedeutungslos. Denn zum einen stellt die Verletzung staatlichen oder privaten Eigentums bereits an sich einen konkreten Vermögensschaden dar; zum anderen bedeutet die Abwanderung von Kulturgut ins Ausland auch einen immateriellen Schaden.

VIII. Verschulden

Ebenfalls umstritten ist, ob schuldhaftes Verhalten i. S. e. vorsätzlichen oder fahrlässigen Handelns der eigenen Organe vorliegen muss.[233] Dieser Streit ist hier jedoch ebenfalls unerheblich. Die Verschleppung von Kulturgütern erfolgt durchgehend vorsätzlich. Die systematische Plünderung von Kulturgütern durch das Dritte Reich erfolgte auf ausdrücklichen Befehl Hitlers, der Trophäen für ein in Linz geplantes Führermuseum sammeln wollte.[234] Nicht anders agierte Stalin,

---

231 *v. Schorlemer*, GYIL 41 (1998), S. 317 [329].

232 Dafür: *Kunig*, Jura 1986, S. 344 [350]; dagegen: *v. Arnauld*, Völkerrecht, Rn. 391.

233 Ausführliche Untersuchung bei *v. Münch*, Völkerrechtliches Delikt, S. 152; gegen ein Verschuldenserfordernis z. B. *Schröder*, in *Graf Vitzthum*, Völkerrecht, Rn. VII 12.

234 *Stumpf*, Kulturgüterschutz, S. 73.

der ebenfalls persönlich den Befehl zu den so genannten „Trophäenbrigaden“ gab.[235]

IX. Zwischenergebnis zum Tatbestand der Staatenverantwortlichkeit

Die Beschlagnahme und Verschleppung beweglicher Kulturgüter erfüllt den Tatbestand der Staatenverantwortlichkeit und löst deshalb grundsätzlich einen Haftungsanspruch aus.

X. Rechtsfolge

Fraglich ist, auf welche Rechtsfolgen der Anspruch gerichtet ist.

1. Naturalrestitution

Der Anspruchsgegner ist in erster Linie zur Naturalrestitution verpflichtet; er muss also denjenigen Zustand wieder herstellen, der vor der Völkerrechtsverletzung bestand.[236] Rechtswidrig beschlagnahmte Gegenstände sind herauszugeben.[237] Dies entspricht auch der Rechtsprechung des IGH im Fall *Temple of Preah Vihear II*. In diesem Fall stritten Thailand und Kambodscha über die territoriale Souveränität über den im Grenzgebiet liegenden Tempel von *Preah Vihear*. Nachdem der IGH das Gebiet Kambodscha zugesprochen hatte, wurde Thailand verpflichtet, alle aus dem Tempel entfernten Gegenstände an Kambodscha herauszugeben.[238]

Wird Privateigentum beschlagnahmt, so ist dies an die rechtmäßigen Eigentümer herauszugeben.[239] Im Falle von Staatseigentum sind die verschleppten Kulturgüter also dem verletzten Staat, im Falle von Privateigentum dem Privateigentümer herauszugeben.

---

235 *Stumpf*, a. a. O., S. 108 f.

236 Art. 35 ILC-Entwurf zur Staatenverantwortlichkeit.

237 *Schlochauer*, AVR 16 (1973/75), S. 239 [266 f.]; *Kunig*, Jura 1986, S. 344 [351].

238 ICJ, *Temple of Preah Vihear II* (Kambodscha v. Thailand), Urt. v. 15.06.1962, ICJ-Rep. 1962, S. 6 [36].

239 PCIJ, *Chorzów III* (Deutschland v. Polen), Urt. v. 13.09.1928, PCIJ Series A No. 17, S. 47.

2. Schadensersatz in Geld

Ist eine Restitution unmöglich, so ist der Haftungsanspruch auf Schadensersatz in Geld gerichtet; er umfasst zunächst den messbaren Vermögensschaden.[240] Unmöglichkeit ist gegeben, wenn die Naturalrestitution aus tatsächlichen Gründen unmöglich ist.[241] Dies gilt z. B. bei zerstörten oder endgültig verschollenen Gegenständen wie dem Bernsteinzimmer.

Schwierigkeiten können beim gutgläubigen Dritterwerb entstehen. Zwar ist nach deutschem Recht der gutgläubige Erwerb gestohlener Sachen gemäß § 935 Abs. 1 BGB ausgeschlossen. Einige Rechtsordnungen erlauben aber den gutgläubigen Erwerb auch gestohlener Sachen, z. B. die Art. 1153 bis 1157 c. c.[242]

Hinsichtlich der von der Sowjetunion verschleppten deutschen Kulturgüter gilt Folgendes: Gemäß Art. 6 Beutekunstgesetz beansprucht die russische Föderation das Eigentum an den sich in ihrem Besitz befindlichen verschleppten Kulturgütern. Zwar ist die Enteignung im Völkerrecht unter gewissen Voraussetzungen erlaubt. Ganz abgesehen davon, dass es schon an einer prompten, adäquaten und effektiven Entschädigung fehlt,[243] würde eine Enteignung von verschlepptem Kulturgut aber den kriegsrechtlichen Kulturgüterschutz umgehen, sodass diese gerade verboten ist.[244] Im völkerrechtlichen Haftungsverhältnis kann das Beutekunstgesetz somit keine Rechtswirkungen entfalten.[245]

Anders kann der Fall zu betrachten sein, wenn Russland aus den Beständen Werke an gutgläubige Dritte, denen der Beutekunst-Makel nicht bekannt ist, veräußert. Das russische Zivilrecht kennt zwar nicht das Institut des gutgläubigen Erwerbs i. S. d. §§ 932 ff. BGB, schränkt aber die *actio rei vindicatio* ein, wenn der Besitzer gutgläubig in den Besitz der Sache gekommen ist. Für gestoh-

---

240 Art. 36 ILC-Entwurf zur Staatenverantwortlichkeit; *Jenschke*, Rückgabeanspruch Kulturgüter, S. 212.

241 Art. 35 lit. a) ILC-Entwurf zur Staatenverantwortlichkeit.

242 Einen Überblick bietet *Schmeinck*, Internationalprivatrechtliche Aspekte des Kulturgüterschutzes, S. 128 ff.

243 *Hull*-Formel als allgemeine völkerrechtliche Enteignungsvoraussetzung, vgl. *Hobe*, Völkerrecht, S. 414.

244 *Jenschke*, Rückgabeanspruch Kulturgüter, S. 293 ff.

245 *Walter*, Rückführung von Kulturgut, S. 84 f., meint sogar, der Staat könne sich überhaupt nicht auf zivilrechtliches Eigentum Dritter berufen. Dem widerspricht jedoch, dass das Recht auf Eigentum auch im Völkerrecht Anerkennung findet, z. B. auf europäischer Ebene durch Art. 1 EMRK ZP I v. 20.03.1952, BGBl. 1956 II, S. 1880; aktualisierte Fassung: BGBl. 2002 II, S. 1072, weltweit durch das völkergewohnheitsrechtliche Fremdenrecht und den Enteignungsschutz. Privateigentum, *das in Konformität* mit den einschlägigen völkerrechtlichen Bestimmungen erworben wurde, wird man deshalb als Hinderungsgrund für die Naturalrestitution akzeptieren müssen.

lene oder sonst abhanden gekommene Sachen gilt diese Ausnahme aber gerade nicht, sodass diese vindiziert werden können.[246]

Die Rückforderung auch veräußerter Beutekunst ist Russland also gerade nicht unmöglich. Selbst wenn Dritte wirksam das Eigentum erwerben sollten, wäre Russland i. S. d. Naturalrestitution verpflichtet, Rückkauf-Bemühungen anzustrengen. Nur wenn diese scheitern, kommt ein Schadensersatzanspruch in Geld in Betracht.

3. Kompensatorische Restitution

Äußerst umstritten ist die Frage, ob der Haftungsanspruch auf kompensatorische Restitution gerichtet sein kann.

a) Begriff der kompensatorischen Restitution

Für diese Art der Wiedergutmachung wird in der deutschen Literatur oft der Begriff „*restitution in kind*"[247] verwendet. Dieser Begriff soll hier bewusst vermieden werden, weil er gerade nicht dem entspricht, was der StIGH in der *Chorzów-III*-Entscheidung darunter verstanden hat.[248] Der Begriff ist auch deshalb unglücklich, weil er im ILC-Entwurf zur Staatenverantwortlichkeit für die *Natural*restitution verwendet wird.[249] Hier soll stattdessen von *kompensatorischer Restitution* gesprochen werden. Dabei handelt es sich um die Übersetzung des russischen Begriffs *компенсаторная реституция*, der in Art. 4 Beutekunstgesetz als die Verpflichtung zur Übergabe von Gegenständen gleicher Art im Falle der Unmöglichkeit der Herausgabe des Gegenstandes selbst legal definiert wird.

Das russische Beutekunstgesetz greift damit eine in der Doktrin von *Nahlik* erhobene Forderung auf: Nur die Herausgabe eines gleichwertigen Kulturguts könne den endgültigen Verlust eines eigenen Kulturguts wiedergutmachen.[250] Ohne nähere Begründung hält das russische Verfassungsgericht die kompensatorische Restitution für eine Rechtsfolge völkerrechtlicher Haftung.[251] Im Schrift-

246 Art. 301 Abs. 1 Гражданский кодекс (Zivilgesetzbuch Russland); dt. Text: *Solotych*, Zivilgesetzbuch der Russischen Föderation. Dazu vgl. *Vitvitskaya*, in: *Gornig/Horn/Murswiek*, Kulturgüterschutz, S. 187 [202 ff.].

247 So z. B. *Schoen*, Beutekunst, S. 123 ff.

248 *Jenschke*, Rückgabeanspruch Kulturgüter, S. 224 Fn. 29.

249 Art. 35 ILC-Entwurf zur Staatenverantwortlichkeit.

250 *Nahlik*, RdC 120 (1967), S. 148.

251 Конституционный Суд Российской Федерации (Verfassungsgericht der Russischen Föderation), Beschl. v. 20.07.1999, zit. nach dt. Übersetzung in EuGRZ 1999, S. 589 [591].

tum sind die Befürworter einer kompensatorischen Restitution eine deutlich vernehmbare Minderheit geblieben,[252] mehrheitlich wird das Rechtsinstitut aber abgelehnt.[253] Der ILC-Entwurf zur Staatenverantwortlichkeit sieht die kompensatorische Restitution ebenfalls nicht vor. Ob es sich bei der kompensatorischen Restitution um Völkergewohnheitsrecht handelt, bedarf einer näheren Untersuchung.

b) Rechtspraxis

Bereits im Nachgang der napoleonischen Kriege lässt sich der Gedanke nachweisen, dass verlorene Kulturgüter durch andere Kulturgüter ersetzt werden könnten. Es war ein preußischer Vergleichsvorschlag, Frankreich solle die manessische Liederhandschrift sowie die aus der Villa Albani stammenden Winckelmannmanuskripte im Gegenzug zum Verzicht auf alle weiteren Rückgabeansprüche für noch in Frankreich befindliches geraubtes Kulturgut herausgeben. Frankreich ging auf diesen Vorschlag allerdings nicht ein; er stieß auch auf russischen Widerstand.[254]

Nach dem Ersten Weltkrieg wurde Deutschland durch Art. 247 Versailler Vertrag[255] verpflichtet, der Universität Löwen „Handschriften, Wiegendrucke, gedruckte Bücher, Karten und Sammlungsgegenstände zu liefern, die der Zahl und dem Werte nach den Gegenständen entsprechen, die bei dem von Deutschland verursachten Brande der Bücherei von Löwen vernichtet worden sind."

Nach dem Zweiten Weltkrieg verpflichteten sich einige der deutschen Kriegsverbündeten, nämlich Italien, Ungarn und Bulgarien, bei Unmöglichkeit der Rückerstattung geraubten Kulturguts als Ersatz gleichartige und möglichst gleichwertige Kulturgüter zu liefern.[256] Darüber, ob im Rahmen des Besatzungs-

252 *Baufeld*, Osteuropa 51 (2005), S. 207 [211 ff.]; *Engstler*, Territoriale Bindung von Kulturgütern, S. 163; *Nevelev*, GYIL 42 (1999), S. 337 [377 ff.]; *Jenschke*, Rückgabeanspruch Kulturgüter, S. 224 ff., der allerdings betont, für die aus Deutschland verschleppte Beutekunst sei die kompensatorische Restitution gerade nicht anwendbar, weil diese nicht pauschal, sondern nur in der genauen Gegenüberstellung verlorener und dafür kompensatorisch restituierter Werke geschehen könne.

253 *Dolzer*, NJW 2000, S. 560 [561]; *Fiedler*, Kulturgüter als Kriegsbeute, S. 27 f.; *Stumpf*, Kulturgüterschutz, S. 188 ff.; *Schoen*, Beutekunst, S. 125; *v. Schorlemer*, GYIL 41 (1998), S. 317 [331]; *Rauer*, in: *Gornig/Horn/Murswiek*, Kulturgüterschutz, S. 167 [174 f.]; *Coulée*, RGDIP 104 (2000), S. 359 [370]; *Turner*, in: *Fiedler*, Internationaler Kulturgüterschutz und die deutsche Frage, S. 132 f.

254 *Engstler*, Territoriale Bindung von Kulturgütern, S. 104 f.

255 Friedensschluss zwischen Deutschland und den alliierten und assoziierten Mächten v. 16.07.1919, RGBl. 1919, S. 157 ff.

256 Die Verpflichtung ist Teil der von diesen Staaten abgeschlossenen Friedensverträge mit den Alliierten: Art. 75 Abs. 9 Friedensvertrag mit Italien, Art. 24 Abs. 3 Friedensvertrag

regimes von Deutschland eine kompensatorische Restitution verlangt werden sollte, herrschte Uneinigkeit unter den Alliierten.[257] Schließlich hieß es in einer Kontrollratsdirektive von 1946, dass „[...] bei Gütern von einmaligem Charakter, deren Rücklieferung unmöglich ist, eine besondere Anweisung die Art von Gütern festsetzen wird, bei denen ein Ersatz in Frage kommt, die Art dieses Ersatzes und die Bedingungen, unter denen diese Güter durch gleichwertige Gegenstände ersetzt werden können".[258] Aufgrund fortwährenden Streits der Alliierten in dieser Frage ist es aber nie zu den Ausführungsbestimmungen und der von der Direktive vorgesehenen kompensatorischen Restitution durch den Alliierten Kontrollrat gekommen.[259] Später distanzierten sich die Westalliierten von dieser Regelung. Der Überleitungsvertrag sieht nur noch einen Schadensersatz in Geld vor.[260]

Bemerkenswert ist auch, dass sich die Sowjetunion nicht ein einziges Mal auf eine kompensatorische Restitution berufen hat. Im Gegenteil: Ab 1955 wurden in großem Umfang Rückerstattungen an die damalige DDR geleistet. Dabei wurden z. B. Exponate der Dresdner Gemäldegalerie und der Fries von Pergamon zurückgegeben.[261] Das russische Beutekunstgesetz steht somit im Widerspruch zum früheren sowjetischen Verhalten.[262]

c) Rechtsüberzeugung

Gewohnheitsrecht erfordert neben einer entsprechenden Rechtspraxis auch eine Rechtsüberzeugung. Die Debatte über das Bestehen von Völkergewohnheitsrecht hat aber, von wenigen Ausnahmen abgesehen, erst nach dem russischen Beutekunstgesetz eingesetzt. Mehrheitlich war die Reaktion ablehnend.[263]

---

mit Ungarn, und Art. 22 Abs. 3 Friedensvertrag mit Bulgarien. Die Friedensverträge sind im engl. Original nebst dt. Übersetzung abgedruckt in: *Menzel*, Friedensverträge, S. 65 ff. (Italien), S. 146 ff. (Ungarn) und S. 164 ff. (Bulgarien). Die Friedensverträge mit Rumänien und Finnland sahen dagegen keine derartigen Klauseln vor. Vgl. dazu auch die Synopse auf S. 209 ff.

257 *Turner*, in: *Fiedler*, Internationaler Kulturgüterschutz und die deutsche Frage, S. 123.

258 Ziff. 3 der Kontrollratsdirektive v. 21.01.1946, in den einschlägigen Abl. nicht veröffentlicht, abgedruckt aber in: *v. Schmoller/Maier/Tobler*, Handbuch des Besatzungsrechts, S. 23.

259 *Turner*, in: *Fiedler*, Internationaler Kulturgüterschutz und die deutsche Frage, S. 123.

260 Fünfter Teil, Art. 4 Abs. 1 und 5 des Vertrages zur Regelung aus Krieg und Besatzung entstandener Fragen (Überleitungsvertrag), in der gemäß Liste IV zu dem am 23.10.1954 in Paris unterzeichneten Protokoll über die Beendigung des Besatzungsregimes in der Bundesrepublik Deutschland geänderten Fassung, BGBl. 1955 II, S. 405.

261 *Schoen*, Beutekunst, S. 56.

262 *Hartwig*, EuGRZ 1999, S. 553 [557].

263 Vgl. Nachweise in Fn. 253.

Nahlik hatte sich zwar schon 1967 mit der kompensatorischen Restitution auseinandergesetzt; seine Befürwortung hat aber fordernden, keinen feststellenden Charakter.[264] Die Sowjetunion hat die auf ihrem Gebiet liegenden Kulturgüter jahrzehntelang in geheimen Kellern gelagert und deren Existenz abgeleugnet.[265] Verschleierungsverhalten ist stets ein wichtiges Indiz dafür, dass sich der Täter der Rechtswidrigkeit seines Tuns bewusst ist. Dementsprechend verpflichtete sich 1990 die Sowjetunion als Ausdruck des veränderten politischen Klimas sogar vertraglich zur Rückgabe unrechtmäßig verbrachter Kunstschätze.[266] Diese Rückgabepflicht wurde 1992 im deutsch-russischen Kulturabkommen bekräftigt.[267]

Gegen die Anerkennung einer kompensatorischen Restitution spricht vor allem, dass sie mit wesentlichen Grundgedanken des Kulturgüterschutzes nicht vereinbar ist: Sie widerspricht der Einzigartigkeit von Kulturgütern, die eben keine Gattungssachen sind.[268] Zu den wichtigsten Funktionen von Kulturgütern gehört ihre identitätsstiftende Wirkung. Diese entfalten Kulturgüter typischerweise für eine bestimmte Nation, mit der sie in besonderer Weise verbunden sind. Schon deshalb kann der Verlust eines *eigenen* Kulturguts durch Erhalt eines *fremden* Kulturguts nicht ersetzt werden. Der Ansatz der kompensatorischen Restitution verfehlt somit sein Ziel eines gleichwertigen Ersatzes. Statt Ausgleich und Gerechtigkeit schafft sie einen doch nur halbwertigen Ersatz für den Empfänger, dafür Verbitterung und Kränkung bei demjenigen, der einen Teil seines kulturellen Erbes verliert.[269] Der Gedanke der kompensatorischen Restitution ist nichts anderes als die Applizierung des Auge-um-Auge-Prinzips[270] auf Kulturgüter und daher für zivilisierte Nationen schlichtweg untragbar.

---

264 Vgl. *Nahlik*, RdC 120 (1967), S. 61 [148].

265 *Dolzer*, NJW 2000, S. 560 [561]; *Stumpf*, Kulturgüterschutz, S. 123.

266 Art. 16 Abs. 2 des Vertrages über gute Nachbarschaft, Partnerschaft und Zusammenarbeit zwischen der Bundesrepublik Deutschland und der Union der Sozialistischen Sowjetrepubliken v. 09.11.1990, BGBl. 1991 II, S. 702.

267 Art. 15 des deutsch-russischen Abkommens über kulturelle Zusammenarbeit v. 08.07.1993, BGBl. 1993 II, S. 1256.

268 *Stumpf*, Kulturgüterschutz, S. 196.

269 *Blumenwitz*, in: FS Ress, S. 3; *Schoen*, in: *Gornig/Horn/Murswiek*, Kulturgüterschutz, S. 157 [158].

270 Richard Howard, damals in der U.-S.-Regierung für die Rückgabe der nationalsozialistischen Raubkunst zuständig, schrieb in einem privaten Brief: „[...] such an *eye-for-eye*, tooth-for-tooth policy will [...] produce a situation of the gravest danger to the entire cultural heritage of Germany, and presage a wholesale rape of that country." (Hervorhebung durch den Verf.), zit. nach *Merryman/Elsen*, Law, Ethics and the Visual Arts, S. 69.

d) Schlussfolgerungen

Das Völkergewohnheitsrecht kennt beim Kulturgüterschutz keine kompensatorische Restitution. Es fehlt bereits an einer entsprechenden Rechtspraxis: Die Anwendung dieses Prinzips blieb auf Einzelfälle beschränkt, in denen eine vertragliche Regelung Grundlage für Erstattungen war. Es gibt, abgesehen vom jüngsten russischen Beutekunstgesetz, kein Beispiel in der Staatenpraxis für die einseitige kompensatorische Restitution.[271] Sie widerspricht im Übrigen auch den Eigenarten des Kulturgüterschutzes, insbesondere der Einzigartigkeit von Kulturgütern. Deshalb ist der kompensatorischen Restitution zu Recht die Anerkennung in der Rechtslehre mehrheitlich verweigert worden.[272] Mithin kann bei unwiederbringlichem Verlust von Kulturgütern keine Herausgabe ähnlicher Kulturgüter, sondern nur Schadensersatz in Geld verlangt werden.

XI. Zurückbehaltungsrechte

Daraus, dass kein Anspruch auf eine kompensatorische Restitution besteht, folgt, dass er auch nicht als Zurückbehaltungsrecht für Gegenansprüche fruchtbar gemacht werden kann. Aller verständlichen Verbitterung über die Unauffindbarkeit des Bernsteinzimmers zum Trotz fehlt der russischen Forderung, vor der Rückgabe von verschleppten deutschen Kulturgütern solle Deutschland erst dieses zurückgeben,[273] die rechtliche Substanz.

Folgt man der Gegenauffassung, so bleibt hinsichtlich der russischen Forderungen zu beachten, dass die Verschleppung deutschen Kulturguts gerade nicht der kompensatorischen Restitution, sondern Stalins Träumen auf ein Moskauer Museum, das den Louvre und den Prado überstrahlen sollte, diente.[274] Russland ist somit auch dem Einwand des *venire contra factum proprium* ausgesetzt.[275]

271 *Stumpf*, Kulturgüterschutz, S. 192.

272 Nachweise Fn. 253.

273 Zur politischen Instrumentalisierung des Bernsteinzimmers vgl. *Schoen*, Beutekunst, S. 159 ff.

274 So auch die Mehrzahl derjenigen, die das Rechtsinstitut der kompensatorischen Restitution nicht schlechterdings ablehnen: Z. B. *Jenschke*, Rückgabeanspruch Kulturgüter, S. 234 f.; a. A. *Baufeld*, Osteuropa 51 (2005), S. 207 [218 f.].

275 Ein weiterer Beweis für die wahren sowjetischen Absichten ist auch die Tatsache, dass keineswegs nur in Deutschland nach kulturellen Schätzen gesucht wurde. In gleicher Weise durchforsteten sowjetische Truppen 1945 Ungarn auf der Suche nach Kriegsbeute, obwohl es keine Hinweise auf ungarische Beteiligung am nationalsozialistischen Kulturgüterraub gab: *Sándor-Szalay*, in: *Gornig/Horn/Murswiek*, Kulturgüterschutz, S. 225 [234 ff.].

Kann fremdes Kulturgut schon nicht zum Ersatz für den Verlust eigenen Kulturguts beschlagnahmt werden, so folgt daraus *a maiore ad minus*, dass es nicht zur Befriedigung sonstiger Reparationsforderungen, schon gar nicht ohne einvernehmliche friedensvertragliche Regelung beschlagnahmt werden darf.[276]

Der deliktische Anspruch auf Herausgabe verschleppter Kulturgüter unterliegt daher generell keinen Zurückbehaltungsrechten.

XII. Verjährung

Die Verjährung ist ein allgemeiner Rechtsgrundsatz i. S. d. Art. 38 Abs. 1 lit. c) IGH-Statut.[277] Im Völkerrecht wird zwischen erwerbender und erlöschender Verjährung unterschieden. Die erwerbende Verjährung spielt nur bei Erwerb von Territorium eine Rolle.[278] Die Anwendbarkeit der erlöschenden Verjährung auf Restitutionsansprüche für verschlepptes Kulturgut ist umstritten.

1. Position Walters

Die Anwendbarkeit auf verschlepptes Kulturgut wird von *Walter* mit folgender Argumentation bestritten: Die Verschleppung von Kulturgut ist ein Kriegsverbrechen,[279] das keiner Verjährung unterliegt.[280] Es wäre unbillig, wenn die Täter zwar strafrechtlich zur Verantwortung gezogen werden könnten, der Anspruch auf Herausgabe des gestohlenen Guts aber an der Verjährung scheitern würde.[281] *Nahlik*, der ebenfalls eine Verjährung ablehnt, beruft sich zum Nachweis einer Staatenpraxis auf den Fall der Bibliotheca Palatina: Diese war 1623 der Universität Heidelberg vom Feldmarschall Tilly geraubt worden und kam über Umwege nach Rom, wo ihr überwiegender Teil bis heute Bestandteil der Vatikanischen Bibliothek ist. 1815 kehrten aber im Zuge des Wiener Kongresses einige Manuskripte, die sich Napoleon zugeeignet hatte, nach Heidelberg zurück – also fast 200 Jahre nach ihrer Verschleppung.[282]

276 *Stumpf*, Kulturgüterschutz, S. 77; *v. Schorlemer*, GYIL 41 (1998), S. 317 [331].
277 *Stumpf*, Kulturgüterschutz, S. 253 f.
278 *Walter*, Rückführung von Kulturgut, S. 86 f.
279 Vgl. Art. 8 Abs. 2 lit. a) iv), lit. b) xiii) und xvi) IStGH-Statut.
280 Art. 29 IStGH-Statut.
281 *Walter*, Rückführung von Kulturgut, S. 92 f.
282 *Nahlik*, RdC 120 (1967), S. 147.

2. Position der h. L.

Die wohl h. L. geht dagegen davon aus, dass auch der Anspruch auf Zurückgabe geraubten Kulturguts der Verjährung unterliegt. Da zur Hemmung der Verjährung im Völkerrecht bereits der einfache Protest ausreicht, ist der Anspruchsinhaber nicht schutzwürdig.[283] Bei dem Entwurf der HK-1954 konnte keine Einigkeit über eine Verjährungsregel erzielt werden. Dieser Dissens belegt aber gerade nicht, dass Ansprüche auf Herausgabe von Kulturgütern keiner Verjährung unterliegen; er zeigt lediglich, dass keine allgemein akzeptierte Ausnahme vom allgemeinen Rechtsgrundsatz der Verjährung besteht.[284]

3. Stellungnahme

Die h. L. überzeugt. Die Rückgabe von Manuskripten an die Universität Heidelberg kann schon deshalb kein Beleg für eine gegenteilige Staatenpraxis sein, weil Kulturgüter zum Zeitpunkt der Wegnahme (1623) noch nicht vom Beuterecht ausgenommen waren.[285] Somit bestand überhaupt kein Herausgabeanspruch, der hätte verjähren oder nicht verjähren können; die Rückgabe erfolgte aus politischen Motiven. Die Staatenpraxis gibt somit für eine Einschränkung des allgemeinen Rechtsgrundsatzes der Verjährung nichts her. Im Gegenteil: Nationale Gerichte haben die Verjährung bei Klagen auf Herausgabe von Kulturgütern herangezogen und ihretwegen solche Klagen auch abgewiesen.[286]

Um den Bedenken *Walters* Rechnung zu tragen, kann aber auf die Überlegungen des BGH aus einem jüngst ergangenen Urteil[287] zurückgegriffen werden. In dem Fall ging es um die umfangreiche Plakatsammlung von Dr. *Hans Sachs*, die diesem 1938 im Rahmen der nationalsozialistischen Judenverfolgung weggenommen worden war. Nach dem Krieg war die Sammlung zunächst verschollen, bevor sie sich ab den 60er Jahren im Besitz der DDR befand. Der BGH entschied, dass den Erbeserben ein Herausgabeanspruch aus § 985 BGB zustehe. Die Zeit vor dem 3. Oktober 1990 sei nicht in die Berechnung der Zeit der Verjährung einzubeziehen, weil Herausgabeansprüche zu dieser Zeit offensichtlich aussichtslos gewesen wären.[288]

---

283 *Freytag*, in: *Fechner/Oppermann/Prott*, Prinzipien des Kulturgüterschutzes, S. 175 [199].

284 *Jenschke*, Rückgabeanspruch Kulturgüter, S. 241 f.

285 *Doehring*, Ruperto Carola 39 (1987), S. 139.

286 Z. B. U.-S. C. A., 2nd Circuit, *Deweerth v. Baldinger*, Urt. v. 30.12.1987, F.2d 836, S. 103 [110 f.], der dem Anspruchsinhaber sogar Nachforschungspflichten auferlegt.

287 BGH, NJW 2012, S. 1796 ff.

288 BGH, NJW 2012, S. 1796 [Rn. 26].

Dieser Gedanke kann auch für völkerrechtliche Herausgabeansprüche fruchtbar gemacht werden. Die Verjährung kann demgemäß nur beginnen, wenn Herausgabeansprüche effektive Aussicht auf Erfolg haben. Keine Aussicht auf Erfolg haben Herausgabeansprüche, wenn der Umfang der in fremdem Besitz befindlichen Kulturgüter nicht genau bekannt ist,[289] wie dies bei den in der Sowjetunion in geheimen Bunkern liegenden Kulturgütern der Fall war. In Anlehnung an die jüngste BGH-Rechtsprechung sollte außerdem von einer Verjährungshemmung ausgegangen werden, solange der Anspruchsgegner die Herausgabe in offensichtlicher Missachtung des einschlägigen Völkerrechts, wie dies etwa beim russischen Beutekunstgesetz der Fall ist, verweigert, ohne dass Abhilfe durch ein international zuständiges Gericht möglich wäre.

XIII. Estoppel-Prinzip

Die Verjährung wird im Völkerrecht durch das Estoppel-Prinzip ergänzt, das ein Ausfluss des Verbots missbräuchlicher Rechtsausübung ist.[290] Dem Grundsatz *qui tacet consentire videtur* folgend ist der Anspruchsinhaber verpflichtet, seinen Anspruch geltend zu machen bzw. gegen dessen Nichterfüllung zu protestieren. Freilich ist dafür zumindest Kenntnis über die Belegenheit verschleppter Kulturgüter erforderlich.

XIV. Ergebnis zum Haftungsanspruch aus den Grundsätzen der Staatenverantwortlichkeit bei Kulturgüterraub

Die Verschleppung fremden Kulturguts führt unter den vorstehend genannten Voraussetzungen[291] zu einem Haftungsanspruch gegenüber demjenigen Staat, der das Kulturgut verschleppt hat. Stand das Kulturgut in Privateigentum, ist der Anspruch auf Rückgabe an den Privateigentümer gerichtet. Der Anspruch kann aber nicht vom Privateigentümer selbst, sondern muss stets durch einen Staat oder zumindest ein Volk geltend gemacht werden.

---

289 *Jenschke*, Rückgabeanspruch Kulturgüter, S. 246 f.

290 *Stumpf*, Kulturgüterschutz, S. 255 f.

291 Thesenhafte Zusammenfassung im Fünften Abschnitt, S. 125 ff.

C. Haftung nach anderen Anspruchsgrundlagen

Im Wesentlichen zu gleichen Ergebnissen kommt man unter Zugrundlegung anderer Anspruchsgrundlagen.

I. Haftung nach dem Haager Abkommen (Landkriegsordnung)

Gemäß Art. 3 des Haager Abkommens, betreffend die Gesetze und Gebräuche des Landkriegs, haftet der Staat, der die Bestimmungen der HLKO verletzt, für daraus entstandene Schäden. Im französischen Original wird statt „*réparation*" oder „*réparation intégrale*" der Begriff „*indemnité*" verwendet, worunter in erster Linie nicht Naturalrestitution, sondern Schadensersatz in Geld zu verstehen ist.

II. Haftung nach der Haager Konvention von 1954

Art. 3 HK-1954 ZP I sieht eine Rückgabepflicht für außer Landes verbrachtes Kulturgut vor. Dogmatisch kann hierin ebenfalls ein Haftungsanspruch gesehen werden. Während der Verhandlungen bestand Uneinigkeit über eine Verjährung dieses Anspruchs, was letztlich dazu führte, dass keine Verjährungsvorschrift getroffen wurde. Gleichwohl wird man davon ausgehen müssen, dass auch der Anspruch aus Art. 3 HK-1954 ZP I verjährt, denn zu einem anderslautenden Konsens ist es gerade nicht gekommen.[292] Die Verjährung bleibt dann, wie andere allgemeine Grundsätze der Staatenhaftung auch, quasi als „Allgemeiner Teil" anwendbar.

III. Vergleich zum allgemeinen Haftungsanspruch

Die speziellen Haftungsansprüche nach Art. 3 des Haager Abkommens zur HLKO und Art. 3 HK-1954 ZP I haben neben dem allgemeinen völkerrechtlichen Haftungsanspruch keine nennenswerte eigenständige Bedeutung. Sie sind jeweils beschränkt auf Verstöße gegen die einschlägigen Konventionsvorschriften, während der allgemeine Haftungsanspruch sämtliche Völkerrechtsverletzungen umfasst. Der Anspruch aus Art. 3 des Haager Abkommens zur HLKO ist außerdem nur auf Schadensersatz in Geld gerichtet und führt regelmäßig nicht

292 *Jenschke*, Rückgabeanspruch Kulturgüter, S. 242.

zum Ziel der Restitution des geraubten Kulturguts. Die Ansprüche stehen zueinander in Idealkonferenz, sodass sich der Anspruchsteller auf den am weitesten gehenden Anspruch berufen kann; i. d. R. ist dies der allgemeine völkerrechtliche Haftungsanspruch.

D. Konsequenzen für den nationalsozialistischen Kulturgüterraub

An dieser Stelle sollen noch kurz die Konsequenzen aus der obigen Untersuchung für die Bewertung des nationalsozialistischen Kulturgüterraubs zusammengefasst werden.

I. Rechtslage

Die Bundesrepublik Deutschland ist als mit dem früheren Deutschen Reich identisches Völkerrechtssubjekt gegenüber den Staaten, deren Kulturgüter im Zweiten Weltkrieg verletzt wurden, als auch gegenüber dem jüdischen Volk für die Verletzung der Kulturgüterschutzbestimmungen haftbar. Sie ist zur Rückgabe der verschleppten Kulturgüter verpflichtet. Für zerstörte oder verschollene Kulturgüter ist Schadensersatz in Geld zu leisten. Hingegen besteht keine Pflicht zur ersatzweisen Herausgabe anderer Kulturgüter. Privatpersonen, deren Eigentum verletzt wurde, haben keine Ansprüche. Ihr Heimatstaat bzw. die speziellen Organe zur Vertretung der Interessen des jüdischen Volkes (Staat Israel, JRSO und Unterorganisationen) können aber im Wege des diplomatischen Schutzes die Restitution zugunsten ihrer Staats- bzw. Volksangehörigen verlangen.

II. Rechtspraxis

Nach Kriegsende begannen die Alliierten während der Besatzungszeit zunächst selbst, die Rückführung nationalsozialistischer Raubkulturgüter wie Kunst und Archivgut zu organisieren. Bereits die Kontrollratsproklamation Nr. 2 beinhaltet umfassende Verpflichtungen Deutschlands zur Rückerstattung geraubten Eigentums allgemein, darunter natürlich auch der Kulturgüter.[293] Mehr als eine halbe

293 Ziff. 19 lit. a) bis c) der Kontrollratsproklamation Nr. 2 v. 20.09.1945, Abl. KR, S. 8 ff.

Million Kunstobjekte gelangten so in die Sowjetunion zurück, sodass sich in Deutschland keine größeren Bestände davon mehr befinden.[294]

Besondere Schwierigkeiten ergaben sich hinsichtlich der Rückgabe an jüdische Alteigentümer. Ganze Familien waren Opfer der konsequenten Vernichtungspolitik des Dritten Reichs geworden. Weil es jedem Gebot der Gerechtigkeit widersprochen hätte, wenn das Vermögen ausgerotteter Familien gemäß § 1936 BGB an den deutschen Fiskus gefallen wäre, ergab sich die zwingende Notwendigkeit einer globalen Entschädigung für das jüdische Volk.[295] *Adenauer* zeigte sich von Anfang an gegenüber den Entschädigungsforderungen aus Israel aufgeschlossen,[296] sodass es bereits Anfang der 50er Jahre zur Zahlung von 3 Milliarden DM an Israel und weiterer 450 Millionen DM an die JCC als Vertreterin des gesamten jüdischen Volkes kam.[297] Diese Globalentschädigung bezieht sich natürlich längst nicht nur auf verlorenes Kulturgut, vielmehr auf unrechtmäßige Inhaftierung, Zwangsarbeit, Mord, Vertreibung, Beschlagnahme von Vermögensgegenständen aller Art und weiteres Unrecht.

Von der Entschädigungsgesetzgebung dagegen profitierte die hier diskutierte Opfergruppe, nämlich jüdische Einwohner der früheren deutschen Kriegsgegner, nicht. Denn gemäß § 4 Abs. 1 BEG hängt die Entschädigung maßgeblich davon ab, dass der Geschädigte wenigstens zum Zeitpunkt des schädigenden Ereignisses seinen Wohnsitz im Geltungsbereich des BEG hatte. Zur Lösung dieses Problems schloss die Bundesrepublik in den 50er und 60er Jahren eine Reihe von Entschädigungsabkommen mit diversen Ländern, die Globalzahlungen von insgesamt knapp 900 Millionen DM vorsahen.[298] Die Weiterleitung an die Opfer oblag den deutschen Vertragspartnern. Hier wird einmal mehr auch die konsequente Haltung Deutschlands deutlich, dass Anspruchsinhaber stets Staaten bzw. das jüdische Volk, nicht jedoch Privatpersonen sind.

Zunächst gab es auch in der SBZ Planungen für die Entschädigung jüdischer NS-Opfer. Bereits im September 1945 erging ein thüringisches Wiedergutmachungsgesetz.[299] Diese Anfänge fanden mit der Machtübernahme der SED ein

---

294 *Stumpf*, Kulturgüterschutz, S. 80.

295 *Schwarz*, in: FS Hirsch, S. 227 [229].

296 Im Mai 1951 traf *Adenauer* in Paris mit dem damaligen israelischen Botschafter in Frankreich, *Maurice Fischer*, und dem damaligen Staatssekretär im israelischen Finanzministerium, *David Horowitz*, zusammen. *Adenauer* erklärte sich sofort zu den erhobenen Forderungen auf Wiedergutmachung bereit, da er selbst sich zeitweise im Kloster von Maria Laach vor den Nationalsozialisten hatte verstecken müssen: *Shinnar*, Bericht eines Beauftragten, S. 25.

297 *Katzenstein*, in: FS Hirsch, S. 219 [222 ff.].

298 *Féaux de la Croix*, in: FS Hirsch, S. 243 [251].

299 RegBl. für das Land Thüringen I, S. 24.

jähes Ende: Vergünstigungen gab es nur für NS-Opfer, die in der DDR wohnten; Entschädigungen wurden weder an Israel noch an die JCC gezahlt, nicht einmal noch vorhandene Vermögenswerte wurden zurückgegeben.[300]

Auch heute ist die Entschädigungspolitik der Bundesrepublik noch nicht zu Ende. Dabei ist in den letzten 20 Jahren der Fokus besonders auf geraubtes Kulturgut, vor allem Raubkunst gelenkt worden. Mit der Washingtoner Erklärung vom 3. Dezember 1998[301], die allerdings nicht den Status eines verbindlichen völkerrechtlichen Abkommens hat,[302] verpflichtet sich Deutschland, bezüglich neu entdeckter Raubkunst eine „gerechte und faire Lösung“[303] zu finden. Die Washingtoner Erklärung führte zur gemeinsamen Erklärung der Bundesregierung, der Länder und der kommunalen Spitzenverbände zur Rückgabe NS-verfolgungsbedingt entzogenen Kulturgutes[304]. Hierin verpflichten sich Bund, Länder und Kommunen als Träger der einschlägigen öffentlichen Einrichtungen nach individueller Prüfung auf die Rückgabe NS-verfolgungsbedingt entzogener Kulturgüter an die Geschädigten hinzuwirken.[305] Auf dieser Grundlage spürt eine nationale Koordinierungsstelle für Kulturgutverluste Werke mit Provenienzlücken auf, von denen viele schon an die Berechtigten zurückgegeben werden konnten.[306]

Für alle geraubten jüdischen Kunstschätze, die noch nicht zurückgegeben wurden und sich noch in deutscher Hand befinden,[307] gilt: Israel und die JCC haben einen völkerrechtlichen Anspruch auf Rückgabe geraubter Kunst an ihre Staats- bzw. Volkszugehörigen. Deshalb kann sich Deutschland weder auf die Unverbindlichkeit der Washingtoner Erklärung noch darauf berufen, dass nach dieser Erklärung eine „gerechte und faire“ Lösung gesucht werden soll. Gerecht und fair ist nur eine solche, die im Einklang mit dem Völkerrecht steht. Deutschland ist deshalb zur Herausgabe der Kunstwerke verpflichtet. Etwas anderes kann ausnahmsweise nur dann gelten, wenn der betroffene Gegenstand dem Re-

---

300 *Wiechatzek*, ZOV 1999, S. 259 ff.

301 Abrufbar auf der Internetseite des U. S. State Department: http://www.state.gov/p/eur/rt/hlcst/122038.htm (Aufruf: 01.03.2013).

302 *Anton*, Illegaler Kulturgüterverkehr, Rn. VI 339.

303 Ziff. 8 der Washingtoner Erklärung.

304 Beschluss der KMK vom 09.12.1999, abrufbar im Internet unter: http://www.kmk.org/fileadmin/veroeffentlichungen_beschluesse/1999/1999_12_09-Auffindung-Rueckgabe-Kulturgutes.pdf (Aufruf: 01.03.2013).

305 Gemeinsame Erklärung, Beschluss der KMK, a. a. O., S. 3.

306 *Franz/Hartmann*, Osteuropa 56 (2006), S. 401 [402 f.].

307 Noch immer betrifft dies einen nicht unerheblichen Teil der vom NS-Regime verschleppten Raubkunst. Insofern jüngst sehr kritisch zur Rückgabepraxis anhand einzelner Beispiele: *Winter*, in: DER SPIEGEL v. 28.01.2013 (Heft 5/2013), S. 34 ff.

gelungsbereich eines Globalentschädigungsabkommens unterfällt, denn in diesem Fall sind Ersatzansprüche abgegolten.

E. Konsequenzen für den sowjetischen Kulturgüterraub

Abschließend sollen die Konsequenzen der obigen Darstellungen für den sowjetischen Kulturgüterraub dargelegt werden.

I. Rechtslage

Das heutige Russland ist mit der früheren Sowjetunion subjektidentisch und haftet für die Verletzungen von Kulturgüterschutzbestimmungen in der Besatzungszeit.[308] Zwar durfte die Sowjetunion die von Deutschland aus der Sowjetunion verschleppten Kulturgüter selbstverständlich zurückbringen. Unrechtmäßig war dagegen die Verschleppung zahlreicher deutscher Kulturgüter. Sie lässt sich weder mit dem von Deutschland begonnen rechtswidrigen Angriffskrieg noch als Repressalie rechtfertigen. Da Russland für verlorenes Kulturgut auch keine kompensatorische Restitution geltend machen kann, unterliegen die verschleppten Güter auch keinen Zurückbehaltungsrechten. Verjährungsfristen haben erst nach Bekanntwerden der russischen Geheimdepots im Jahr 1990 zu laufen begonnen, seitdem sind sie wegen der fortwährenden deutschen Verhandlungsbemühungen[309] gehemmt. Deutschland hat gegen Russland einen Anspruch auf Rückgabe aller verschleppten Kulturgüter.

II. Rechtspraxis

Russland hat zahlreiche verschleppte Kulturgüter an die ehemalige DDR zurückgegeben. Nach wie vor befinden sich aber ca. 200.000 Kunstwerke, 2 Millionen Bücher und 3 km Archivgut in russischem Besitz, darunter eine Gutenberg-Bibel, 74 Meisterwerke impressionistischer und post-impressionistischer

---

308 Die einschlägigen kriegsrechtlichen Vorschriften galten auch nach der bedingungslosen Kapitulation fort, da die Einstellung der Feindseligkeiten nicht die Beendigung des Kriegszustandes im rechtstechnischen Sinne zur Folge hat: *Gornig*, Eigentum und Enteignung, S. 60.

309 Dazu *Stumpf*, Kulturgüterschutz, S. 124 ff.

Kunst und der von *Schliemann* entdeckte Schatz des Priamos.[310] Abgesehen von wenigen Gesten des guten Willens, wie der 2002 erfolgten Rückgabe der äußerst wertvollen Bleiglasfenster der Marienkirche in Frankfurt (Oder),[311] ist Russland nicht bereit, seinen internationalen Verpflichtungen nachzukommen. Mit dem russischen Beutekunstgesetz wurde 1998 der völkerrechtswidrige Zustand sogar noch manifestiert, indem die geraubten Kulturgüter zu russischem Staatseigentum erklärt wurden.

310 *v. Schorlemer*, GYIL 41 (1998), S. 317.

311 *Schoen*, in: *Gornig/Horn/Murswiek*, Kulturgüterschutz, S. 157 [163 f.].

Vierter Abschnitt: Weitere Fälle der Haftung für Verletzungen des Kulturgüterschutzes

Der folgende Abschnitt behandelt weitere typische Fallgruppen, in denen Staaten für die Verletzung von Kulturgüterschutzbestimmungen haften. Die Ausführungen beschränken sich auf die besonderen Probleme dieser Konstellationen, während im Übrigen zu Voraussetzungen und Rechtsfolgen auf den obigen dritten Abschnitt dieser Untersuchung verwiesen wird.

A. Zerstörung und Beschädigung von Kulturgütern im Krieg

Zu den typischen Fällen von Verletzungen des Kulturgüterschutzes im Krieg zählen Zerstörungen und Beschädigung unbeweglicher Kulturgüter. Zur Veranschaulichung sei auf den Fall des italienischen Klosters *Monte Cassino* verwiesen. Das Kloster wurde am 15. Februar 1944 von 229 alliierten Flugzeugen angegriffen; übrig blieben nur das Tor und die Außenmauern. Vorausgegangen war der Ausbau des Klosters zu einer Festung, wobei in den Kampfhandlungen freilich nicht das Kloster selbst, wohl aber dessen unmittelbare Umgebung von deutschen Truppen zu Verteidigung genutzt worden war.[312]

I. Normverstoß

Für die Zerstörung und Beschädigung von Kulturgütern sind andere Normen einschlägig als für deren Verschleppung.

1. Haager Landkriegsordnung

Art. 27 Abs. 1 HLKO verpflichtet die Kriegsparteien, bei Belagerungen und Beschießungen Kulturgüter so weit wie möglich zu schonen. Mit dieser Formulierung (frz.: „autant que possible“) bleibt der kriegsführenden Partei allerdings ein viel zu großer Ermessensspielraum; durch weittragende Artillerieangriffe und

312 *Buhse*, Schutz von Kulturgütern im Krieg, S. 39.

Flächenbombardements aus der Luft ist ihr weitgehend die Substanz genommen worden.[313]

Als wesentlich effektiver hat sich dagegen die Vorschrift des Art. 25 HLKO erwiesen, die den Angriff auf unverteidigte Städte, Dörfer und Gebäude verbietet. Sie ermöglicht den Kriegsparteien, Städte, die wegen ihrer kulturellen Einzigartigkeit vor der Zerstörung bewahrt werden sollen, zur „offenen Stadt“ zu erklären; auf diese Weise wurden im Zweiten Weltkrieg Rom und Florenz vor der Zerstörung bewahrt.[314] Vorschläge, solche Städte generell zu entmilitarisieren, konnten sich jedoch nicht durchsetzen.[315]

2. Roehrich-Pakt

Der so genannte „Roehrich-Pakt“[316] wurde 1935 von 21 amerikanischen Staaten geschlossen, von denen zehn den Vertrag auch ratifiziert haben; er ist bis heute in Kraft.[317] Seine Bedeutung erlangt er vor allem aus der Tatsache, dass es sich um den ersten verbindlichen völkerrechtlichen Vertrag handelt, der allein dem Kulturgüterschutz gewidmet ist.[318]

Der Roehrich-Pakt geht weit über die Bestimmungen der HLKO hinaus, denn er verlangt von den Kriegsparteien, unbewegliches Kulturgut als neutral zu behandeln, sie mithin von den Kampfhandlungen gänzlich auszunehmen.[319] Zur Kennzeichnung derartiger Kulturgüter sieht der Vertrag eine bestimmte Flagge vor.[320]

3. Haager Konvention von 1954

Die HK-1954 kann mit ihrem in der Präambel enthaltenem Bezug auf die Bedeutung von Kulturgut als Erbe der gesamten Menschheit als Ausdruck des kul-

313 *Herdegen*, in: *Dolzer/Jayme/Mußgnug*, Rechtsfragen des internationalen Kulturgüterschutzes, S. 161 [165].

314 *Mußgnug*, in: FS Jeserich, S. 333 [335].

315 *Kilian*, NZWehrR, S. 41 [49].

316 Treaty on the Protection of Artistic and Scientific Institutions and Historic Monuments v. 15.04.1935; abgedruckt in: *Schindler/Toman*, Laws of Armed Conflicts, Nr. 69, S. 991 ff.

317 *v. Schorlemer*, Kulturgüterschutz, S. 270.

318 *Gornig*, in: *Gornig/Horn/Murswiek*, Kulturgüterschutz, S. 17 [34].

319 Art. 1 Roehrich-Pakt.

320 Art. 3 Roehrich-Pakt.

turellen Internationalismus verstanden werden.[321] Das sollte aber nicht darüber hinwegtäuschen, dass sie in erster Linie Pflichten der Vertragsparteien beinhaltet, denen Rechte der Gegenparteien korrespondieren.

a) Fortführung der HLKO

Die HK-1954 erfindet den kriegsrechtlichen Kulturgüterschutz nicht neu, sondern führt die Entwicklung der HLKO fort: Art. 4 Abs. 1 HK-1954 fordert die Respektierung aller Kulturgüter ein. Art. 4 Abs. 1 HK-1954 definiert diese Respektierung legal als das Verbot jeglicher Benutzung, welche die geschützten Kulturgüter in die Gefahr einer Zerstörung bringen könnten, sowie eines Verbots jeglicher gegen sie gerichteter Feindseligkeiten. In Fällen militärischer Notwendigkeit ist allerdings eine Ausnahme vorgesehen.[322]

Die Verpflichtung zur Respektierung von Kulturgütern richtet sich an beide Kriegsparteien und schützt auch Kulturgüter im eigenen Land.[323] Letztlich lassen sich zwei Hauptpflichten ausmachen: Das Land, auf dessen Gebiet sich das Kulturgut befindet, ist verpflichtet, sich der militärischen Nutzung zu enthalten, während der Kriegsgegner das Kulturgut unangetastet lassen muss.[324]

Wie wichtig die Verknüpfung beider Hauptpflichten ist, zeigt der Fall des Klosters *Monte Cassino*: Es ist völlig klar, dass bei der konventionswidrigen Verwendung von Kulturgütern der Kriegsgegner zum Angriff gezwungen sein kann. Das ist zum Beispiel der Fall, wenn Truppen in geschützten Objekten verborgen werden oder wenn diese, wie im Fall des Klosters *Monte Cassino* geschehen, zur Festung ausbaut werden. Gegenüber solchen Maßnahmen sind Angriffe nicht rechtswidrig, denn sie stellen keine verbotene Repressalie i. S. d. Art. 4 Abs. 4 HK-1954, sondern eine militärisch notwendige Maßnahme i. S. d. Art. 4 Abs. 2 HK-1954 dar.[325]

Am Kloster *Monte Cassino* wird auch deutlich, dass das Verbot des militärischen Missbrauchs von Kulturgütern im haftungsrechtlichen Sinne nicht bloß eine Obliegenheit[326], sondern eine Pflicht ist. Damals wurde italienisches Kul-

---

321 *Herdegen*, in: *Dolzer/Jayme/Mußgnug*, Rechtsfragen des Kulturgüterschutzes, S. 161 [165 f.]; *Strebel*, ZaöRV 16 (1955), S. 35 [50], spricht von einer „Treuhandschaft jedes Staates für die gesamte Menschheit“.

322 Art. 4 Abs. 2 HK-1954.

323 *Buhse*, Schutz von Kulturgut im Krieg, S. 71; *de Breucker*, RBDI 11 (1975), S. 525 [532 f.].

324 *Strebel*, ZaöRV 16 (1955), S. 35 [53]; *Mußgnug*, in: FS Jeserich, S. 333 [341].

325 *Mußgnug*, in: FS Jeserich, S. 333 [342].

326 Obliegenheiten unterscheiden sich von Leistungspflichten darin, dass sie nicht klagbar sind und Verstöße auch keine Haftungsansprüche auslösen, sondern lediglich eigene Ansprüche vermindern können.

turgut von deutschen Truppen zu militärischen Zwecken missbraucht; diese Pflichtverletzung führte adäquat kausal zu einem Schaden für den italienischen Staat, sodass Italien bei Anwendung der HK-1954 ein Haftungsanspruch gegen *Deutschland,* nicht etwa gegen die Alliierten zustünde.

b) Sonderschutz

Nähere Betrachtung verdient der Sonderschutz, der in Kapitel 2 der HK-1954 geregelt ist. Der Sonderschutz kommt nur für Kulturgüter „*de très haute importance*“[327] in Betracht, die sich in ausreichendem Abstand zu militärischen Zielen befinden; erforderlich ist außerdem – konstitutiv[328] – die Eintragung in ein internationales Register.[329] Ferner können Bergungsorte für bewegliches Kulturgut unter Sonderschutz gestellt werden.[330] Der Sonderschutz kommt damit zwar nur einem kleinen Teil der Kulturgüter zugute, verleiht dafür jedoch dem geschützten Gut Immunität gegenüber Kampfhandlungen.[331] Die Immunität gilt freilich dann nicht, wenn der Staat, auf dessen Gebiet das Objekt liegt, dieses zu militärischen Zwecken gebraucht.[332] Kampfhandlungen sind außerdem in Fällen von „*unavoidable military necessity*“[333] erlaubt. Obgleich dieser Terminus einen stärkeren Schutz zugunsten der Objekte unter Sonderschutz ausdrücken soll,[334] bleibt er letztlich zu vage, um einen effektiven Schutz zu gewährleisten.[335]

Für wichtige deutsche Kulturgüter bleibt der Sonderschutz unerreichbar, so z. B. für den Kölner Dom, der sich direkt neben dem Kölner Hauptbahnhof und damit einem wichtigen militärischen Ziel befindet.[336] Bisher wurde von der Möglichkeit zur Eintragung als Sonderschutz überhaupt nur äußerst spärlich Gebrauch gemacht: Deutschland hat lediglich den Oberriederer Stollen registriert, in dem auf Mikrofilm Zeugnisse deutscher Kultur gelagert sind. Insgesamt haben nur drei Staaten, nämlich Deutschland, die Niederlande und der Vatikan-

---

327 Art. 8 Abs. 1 HK-1954.

328 *Toman*, Commentary on HK-1954, S. 107; *de Breucker*, RBDI 11 (1975), S. 534.

329 Art. 8 Abs. 6 HK-1954.

330 Art. 8 Abs. 2 HK-1954.

331 Art. 9 HK-1954.

332 Art. 11 Abs. 1 HK-1954.

333 Art. 11 Abs. 2 HK-1954.

334 Die Ausnahme der militärischen Notwendigkeit beim allgemeinen Schutz greift gemäß Art. 4 Abs. 2 HK-1954 in Fällen, „*where military necessity imperatively*“ die Aufhebung des Schutzes erfordert.

335 *Hladík*, RICR 81 (1999), S. 621 [624]; *Henckaerts*, RICR 81 (1999), S. 593 [599]; *Williams*, Protection of Cultural Property, S. 37.

336 *Mußgnug*, in: FS Jeserich, S. 333 [347].

staat, Objekte unter Sonderschutz gestellt; Österreich hat seine Registrierung zurückgezogen.[337]

Der Sonderschutz bleibt damit, wenn auch in der Literatur viel diskutiert und gelobt,[338] praktisch ohne Relevanz:[339] Dass derjenige, der meint, den Vatikan beschießen oder bombardieren zu müssen, als Frevler in die Geschichtsbücher eingehen wird, bedarf keiner vorherigen Bekräftigung durch ein Register.

c) Zweites Protokoll zur HK-1954

Die ernüchternden Erfahrungen mit der HK-1954 im Golfkrieg 1990/91 sowie im jugoslawischen Bürgerkrieg haben 1999 zur Verabschiedung des HK-1954 ZP II geführt.[340] Das Protokoll unterscheidet im Ansatz ähnlich wie die HK-1954 zwischen Kulturgütern, die unter normalem Schutz stehen, und solchen, die unter einem erweiterten Schutz stehen. Die Voraussetzungen für den erweiterten Schutz sind jedoch geringer als die für den Sonderschutz nach der HK-1954, da auf die Voraussetzung eines ausreichenden Abstandes von militärischen Zielen verzichtet wurde.[341]

Auch das HK-1954 ZP II verzichtet nicht auf die Einschränkung der militärischen Notwendigkeit. Für den einfachen Schutz bestimmt Art. 6 HK-1954 ZP II, dass sich der angreifende Staat auf militärische Notwendigkeit berufen kann, wenn ein Kulturgut *„par sa fonction"* zu einem militärischen Ziel gemacht wurde. Umstritten ist, ob ein Kulturgut nur durch die militärische Benutzung durch den Kriegsgegner oder bereits durch seine geografische Lage zu einem legitimen Angriffsziel werden kann.[342] Jedenfalls für ein Objekt unter verstärktem Schutz dürfte die Formulierung, dass dieses nur *„par son utilisation"*[343] zum militäri-

337 Die Niederlande haben drei verschiedene Bergungsorte für Kulturgut unter Sonderschutz gestellt. Ein österreichischer Bergungsort wurde wieder aus dem Register entfernt. Als einziges Kulturgut im eigentlichen Sinne steht das gesamte Gebiet des Vatikanstaats unter Sonderschutz. Vgl. UNESCO-Dok. CLT/CIH/MCO/2008/PI/46, abrufbar im Internet unter http://unesdoc.unesco.org/images/0015/001585/158587FB.pdf (Aufruf am 01.03.2013).

338 *Buhse*, Schutz von Kulturgut im Krieg, S. 76 ff.; *Mußgnug*, in: FS Jeserich, S. 333 [346 ff.]; *Strebel*, ZaöRV 16 (1955), S. 35 [64 ff.].

339 *Henckaerts*, RICR 81 (1999), S. 607.

340 *Hönes*, DÖV 2008, S. 911 [912].

341 Vgl. Art. 10 HK-1954 ZP II; dazu *van Woudenberg*, in: *van Woudenberg/Lijnzaad*, Protecting Cultural Property in Armed Conflict, S. 52.

342 Beispiel für die geografische Lage sind z. B. historische Brücken; aber auch das Kloster *Monte Cassino* liegt strategisch günstig und könnte daher ein legitimes Kriegsziel sein, *Henckaerts*, RICR 81 (1999), S. 593 [605]; offen lassend *Gioia*, IYIL 11 (2001), S. 25 [36].

343 Art. 13 Abs. 1 lit. b) HK-1954 ZP II.

schen Ziel werden kann, die bloße Berufung auf eine wichtige geografische Lage ausschließen.[344] Damit erweist sich das HK-1954 ZP II als großer Schritt nach vorne im Vergleich zur HK-1954.[345] Der verstärkte Schutz gemäß dem HK-1954 ZP II ist nämlich stärker als der Sonderschutz gemäß der HK-1954, weil bei letzterer die Ausnahme der militärischen Notwendigkeit nicht auf Fälle der militärischen Benutzung durch den Kriegsgegner beschränkt ist.[346]

4. Genfer Recht

Der Schutz von Kulturgütern ist 1977 auch Bestandteil des Genfer Rechts geworden: Art. 53 ZP I verbietet feindselige Handlungen gegen Kulturgüter. In der Literatur ist heftig umstritten, ob für Art. 53 ZP I auch die Ausnahme der militärischen Notwendigkeit gilt.

Gioia geht davon aus, dass die Unterscheidung zwischen zivilen und militärischen Zielen, wie sie Art. 52 ZP I vorsieht, auch auf Kulturgüter anzuwenden sei; Kulturgüter dürften daher trotz des Verbots von Art. 53 ZP I angegriffen werden, wenn es sich um militärische Ziele i. S. d. Art. 52 Abs. 2 ZP I handele.[347] Gegen diesen Ansatz spricht aber, dass Art. 53 ZP I überflüssig wäre, wenn es allein auf die Unterscheidung zwischen zivilen und militärischen Zielen nach Art. 52 ZP I ankäme.

Irmscher geht deshalb von einem umfassenden Schutz von Kulturgütern aus, für welche die Ausnahme der militärischen Notwendigkeit nicht bestehe.[348] Dem muss aber ebenfalls widersprochen werden. Sosehr ein vorbehaltloses Verbot militärischer Angriffe auf Kulturgüter rechtspolitisch wünschenswert erscheinen mag,[349] sosehr zeigt doch die Klausel der militärischen Notwendigkeit in Art. 6 lit. a) i) HK-1954 ZP II, dass die Staaten Art. 53 ZP I keineswegs als absolutes Verbot von militärischen Angriffen auf Kulturgüter interpretieren, denn sonst wäre das HK-1954 ZP II überflüssig gewesen.

---

344 *Gioia*, IYIL 11 (2001), S. 25 [45;] *Henckaerts*, RICR 81 (1999), S. 609.

345 *Hladík*, YIHL 4 (2001), S. 419 [430]; *Gioia*, a. a. O., S. 45.

346 Art. 11 Abs. 2 HK-1954.

347 *Gioia*, IYIL 11 (2001), S. 25 [35].

348 *Irmscher*, in: *Gornig/Horn/Murswiek*, Kulturgüterschutz, S. 76 Fn. 66.

349 In diesem Sinne z. B. *Hladík*, RICR 81 (1999), S. 621 [630]. Ein allzu großer Idealismus übersieht dabei freilich, dass Vorschriften, die von vorneherein an der Realität des Krieges vorbeigehen, die Gefahr in sich bergen, im Ernstfall ganz in Vergessenheit zu geraten, sodass sie nicht einmal mehr Kulturgüterschutz leisten, wo er evident nötig ist; vgl. *Mußgnug*, in: FS Jeserich, S. 333 [338].

Überzeugend ist dagegen der Ansatz *v. Schorlemers*. Sie wendet den in Art. 53 ZP I enthaltenen Verweis[350] auf die HK-1954 umfassend an.[351] Somit ist die Ausnahme der militärischen Notwendigkeit nach Art. 4 Abs. 2 HK-1954 auch auf das Verbot des Art. 53 ZP I anzuwenden. Folglich kommt Art. 53 ZP I im Ergebnis zu einem ähnlichen Schutzniveau wie Art. 4 Abs. 1 HK-1954.

5. Völkergewohnheitsrecht

Die Zerstörung unbeweglichen Kulturguts im Krieg ist auch völkergewohnheitsrechtlich verboten. An dieser Stelle sei nur auf *Bluntschli* verwiesen, der 1866 schrieb: „Die muthwillige Zerstörung oder Schädigung wissenschaftlicher Instrumente oder Sammlungen, der Denkmäler und Kunstwerke [...] wird nicht durch die Ausübung des civilisierten Kriegsrechts entschuldigt, sondern ist offenbar Barbarei“[352]. Im Übrigen gilt, was schon zum völkergewohnheitsrechtlichen Verbot der Plünderung und Verschleppung beweglicher Kulturgüter gesagt wurde.[353]

Schwierigkeiten bereitet nur die Bestimmung des Umfangs des völkergewohnheitsrechtlichen Zerstörungsverbots. HK-1954 und erst recht das HK-1954 ZP II sind längst nicht von allen Staaten der Welt ratifiziert, gleiches gilt für das ZP I.[354] Ein wichtiges Indiz für den völkergewohnheitsrechtlichen Schutz von Kulturgütern vor militärischen Angriffen ist jedoch der Umfang der Strafbarkeit derartiger Handlungen: Strafbar sind alle vorsätzlichen Angriffe auf Kulturgüter, die nicht militärische Ziele sind.[355] Der Umfang der Strafbarkeit deckt sich damit in etwa mit dem Schutzniveau von HK-1954 und ZP I. Somit ist davon auszugehen, dass diese Bestimmungen auch völkergewohnheitsrechtlichen Rang haben.[356] Das Schutzniveau von HK-1954 ZP II geht dagegen weiter.

6. Zwischenergebnis zum Normverstoß

Militärische Angriffe auf Kulturgüter sind untersagt, wenn nicht ausnahmsweise eine militärische Notwendigkeit für sie besteht. Nach der HK-1954 und dem HK-1954 ZP II besteht für Objekte unter Sonderschutz bzw. unter verstärktem

350 Im Original heißt es: „Sans préjudice des dispositions de la Convention de La Haye du 14 mai 1954 pour la protection des biens culturels en cas de conflit armé [...]“.

351 *v. Schorlemer*, Kulturgüterschutz, S. 288 f.

352 *Bluntschli*, Kriegsrecht, § 137.

353 Dritter Abschnitt B.V.2., S. 68 ff.

354 Z. B. haben die U. S. A. das ZP I bisher nicht ratifiziert.

355 Art. 8 Abs. 2 lit. b) ix) IStGH-Statut.

356 A. A. offenbar *Streinz*, Schutz von Museumsgut, S. 60 f.

Schutz ein weitergehendes Schutzregime. Besonders hervorzuheben ist der verstärkte Schutz gemäß Art. 12 HK-1954 ZP II, denn hier gilt nach dem Prinzip „*you use, you lose*“[357], dass allein der Missbrauch des betroffenen Objekts durch eine Kriegspartei einen militärischen Angriff darauf rechtfertigt.

Nicht in Vergessenheit geraten sollte zudem, dass die einschlägigen Bestimmungen es nicht nur verbieten, Kulturgüter anzugreifen, sondern auch, sie zu militärischen Zwecken zu missbrauchen, z. B. als Truppenunterschlupf. Auch solche Verstöße können Haftungsansprüche auslösen, insbesondere dann, wenn *fremdes* Kulturgut missbraucht und als Folge daraus durch Angriffe des Gegners zerstört wird.

Schließlich ist darauf hinzuweisen, dass es einer Kriegspartei, die Kulturgüter retten will, freisteht, Städte zur „offenen Stadt“ zu erklären. In diesem Fall gilt gemäß Art. 25 HLKO ein absolutes Angriffsverbot für den Kriegsgegner.

II. Rechtsfolgen

Hinsichtlich der Rechtsfolgen gilt auch für die Zerstörung und Beschädigung von Kulturgütern das Prinzip der Naturalrestitution. Der verantwortliche Staat ist also verpflichtet, beschädigtes Kulturgut zu restaurieren und so weit wie möglich wiederherzustellen.

Problematisch sind Fälle der Zerstörung. Denn selbst ein Wiederaufbau ist keine Naturalrestitution im eigentlichen Sinne. Beispielsweise wurde nach dem Jugoslawien-Krieg die zerstörte Brücke von Mostar (*Stari Most)* wieder aufgebaut. Doch die jetzige Brücke ist eben nicht mehr die Brücke aus dem 16. Jahrhundert, die am 9. November 1993 unwiederbringlich zerstört wurde. Es fehlt ihr an der Authentizität, die eine wichtige Funktion von Kulturgütern darstellt. Gleichwohl war die Wiederherstellung dieses Symbols sowohl den Bosniaken als auch der Weltgemeinschaft ein großes Anliegen, weshalb der Wiederaufbau von der UNESCO unterstützt wurde. Bei der Wiederherstellung bemühte man sich um größtmögliche Authentizität; beispielsweise wurden die Steine aus den gleichen Steinbrüchen besorgt, welche für das Original benutzt worden waren.[358]

Das Beispiel der *Stari Most* zeigt somit, dass der Wiederaufbau zerstörter Kulturgüter sehr wohl im Interesse des Anspruchsinhabers sein kann. Wenn der verantwortliche Staat schon bei Beschädigungen zur Restaurierung verpflichtet

---

357 *Henckaerts*, RICR 81 (1999), S. 593 [610].

358 http://www.faz.net/aktuell/politik/ausland/mostar-die-bruecke-ueber-die-neretva-1173338.html (Abruf: 01.03.2013).

ist, so sollte er im Falle der Zerstörung erst recht zur Wiedererrichtung verpflichtet sein.

Darüber hinaus besteht bei wertmäßig nicht erfassbaren Schäden eine Verpflichtung zur Genugtuung.[359] Unter Umständen kann die gerichtliche Feststellung der Rechtswidrigkeit ausreichende Genugtuung sein.[360] Unwiederbringliche Verluste von Kulturgut dürften dagegen eine verschärfte Pflicht zur Genugtuung nach sich ziehen, die auch auf eine angemessene Geldentschädigung zielt.

III. Ergebnis zur Haftung für die Zerstörung oder Beschädigung von Kulturgütern im Krieg

Die Zerstörung oder Beschädigung von Kulturgütern verstößt dem Grundsatz nach sowohl gegen völkerrechtliche Verträge als auch gegen Völkergewohnheitsrecht und zieht einen Haftungsanspruch nach sich. Es haftet derjenige Staat, der entweder völkerrechtswidrig beschädigt oder zerstört, oder aber durch die völkerrechtswidrige militärische Verwendung eines Kulturguts die Beschädigung oder Zerstörung durch den Kriegsgegner provoziert. Im Falle der völligen Zerstörung von Kulturgut kann der Anspruchsinhaber sowohl den Wiederaufbau als auch angemessene Genugtuung verlangen.

Beurteilt man den Fall des Klosters *Monte Cassino* nach dem heute einschlägigen Völkerrecht, so haftet Deutschland gegenüber Italien für die Zerstörung, weil die unmittelbare Umgebung völkerrechtswidrig zu militärischen Zwecken gebraucht und damit ein alliierter Angriff provoziert wurde. Selbst wenn man die Rechtswidrigkeit des militärischen Gebrauchs wegen militärischer Notwendigkeit verneinen würde, muss man wohl in Ansehung des speziellen Falls, dass fremdes Kulturgut zum militärischen Ziel gemacht wird, von einer Gefährdungshaftung ausgehen.[361] Da aber die einschlägigen Verbotsnormen zur Zeit des Zweiten Weltkriegs noch nicht bestanden, besteht tatsächlich kein Haftungsanspruch.

---

359 Art. 37 ILC-Entwurf zur Staatenverantwortlichhkeit; *Gornig*, Eigentum und Enteignung, S. 66.

360 ICJ, *Corfu-Channel-II* (Vereinigtes Königreich v. Albanien), Urt. v. 09.04.1949, ICJ-Rep. 1949, S. 4 [30].

361 Dies entspricht jedenfalls billigem Rechtsgefühl. Die Existenz einer Gefährdungshaftung im Völkerrecht ist allerdings völlig umstritten, dazu: *Schröder*, in: *Graf Vitzthum*, Völkerrecht, Rn. VII 19 ff.

B. Haftung für die Schädigung *eigener* Kulturgüter

Zunächst erscheint es absurd, dass ein Staat seine *eigenen* Kulturgüter schädigen könnte. Dennoch ist dies traurige Realität. Besonders erschreckend ist der Fall der Buddha-Statuen von Bamiyan in Afghanistan. Die Statuen, 53 und 35 Meter hoch, waren im 6. Jahrhundert in den Fels gehauen worden.[362] Im März 2011 wurden sie trotz der dringlichen Bitte der VN-Generalversammlung, die Statuen zu schonen,[363] und der einvernehmlichen Verurteilung der angekündigten Zerstörung auch durch islamisch geprägte Staaten[364] vom Taliban-Regime in die Luft gesprengt.

Nicht-international bewaffnete Konflikte sind gefährlich für Kulturgüter: Im Juli 2012 zerstörten islamistische Rebellen im Norden Malis Teile der Altstadt von Timbuktu, die als UNESCO-Weltkulturerbe registriert ist.[365] Im syrischen Bürgerkrieg wurde die ebenfalls als Weltkulturerbe registrierte Zitadelle von Aleppo von syrischen Regierungstruppen mit Mörsergranaten beschossen.[366]

Aber auch außerhalb von nicht-international bewaffneten Konflikten kann sich die Frage nach einer Haftung für Verletzung eigenen Kulturguts stellen. Deutschland beispielsweise lieferte sich eine Auseinandersetzung mit der UNESCO über den Bau der so genannten „Waldschlößchenbrücke" in Dresden; als Ergebnis wurde die Kulturlandschaft Dresdener Elbtal schließlich von der Welterbeliste gestrichen.[367]

I. Richtiger Anspruchsinhaber

Bei der Schädigung *eigener* Kulturgüter ist problematisch, wer Inhaber von Haftungsansprüchen ist. Wie oben dargelegt wurde, können grundsätzlich alle Völkerrechtssubjekte Anspruchsinhaber sein, z. B. Staaten und internationale Orga-

---

362 Neef, DER SPIEGEL v. 05.03.2001 (Heft 10/2001), S. 170.

363 UN-GA Res. 55/243 v. 01.03.2001, UN-Dok. A/RES/55/243.

364 So namentlich die Vertreter Ägyptens, Pakistans und Irans in der Debatte der VN-Generalversammlung über den Res.-Entwurf 55/243 (Fn. 363), vgl. Prot. UN-GA, 55. Sess., 94. Plenarsitzung v. 09.03.2011, UN-Dok. A/55/PV.94.

365 http://www.zeit.de/politik/ausland/2012-06/mali-weltkulturerbe-buergerkrieg (Aufruf: 01.03.2013).

366 http://bazonline.ch/ausland/naher-osten-und-afrika/In-Aleppo-ist-Weltkulturerbe-in-Gefahr/story/29066925 (Aufruf: 01.03.2013).

367 UNESCO-Dec. 33 COM 7A.26; abgedruckt im Rep. of the dec. of the 33rd sess. of the World Heritage Committee, Sevilla 2009, UNESCO-Doc. WHC-09/33.COM/20, S. 43 f.

nisationen, nicht jedoch Privatpersonen.[368] Der Anspruch kann aber – jedenfalls im Regelfall – nicht von *allen* Staaten geltend gemacht werden, sondern nur von demjenigen Staat, dessen Rechte verletzt wurden.[369]

1. Das Konzept des common heritage of mankind (CHOM)

Es ist bereits angesprochen worden, dass sich der „kulturelle Nationalismus" und das Konzept des CHOM nicht gegenseitig ausschließen.[370] Die Idee des CHOM, wie sie auch in der Präambel der WEK zum Ausdruck kommt, kann vielmehr eine wichtige Ergänzung sein, wenn einzelne Staaten nicht willens oder nicht in der Lage sind, ihre Kulturgüter zu schützen.

Seinen Ursprung hat die Idee vom CHOM vor allem im Seerecht, wo heute Art. 136 SRÜ[371] das Gebiet (i. e. der Meeresboden unterhalb der Hohen See) und seine Ressourcen zum CHOM erklärt. Der Begriff, wie er im Seerecht entstanden ist, kann nicht eins zu eins für den Kulturgüterschutz übernommen werden.[372] Im Kulturgüterschutzrecht drückt der Begriff CHOM aus, dass Kulturgüter nicht ausschließlich einer bestimmten Nation zuzuordnen sind, sondern alle Menschen ein legitimes Interesse daran haben, sie zu sehen, von ihnen zu lernen und sie zu erhalten.[373]

Probleme treten am Konzept des CHOM auf, weil die „Menschheit" nicht als Rechtssubjekt erfasst werden kann.[374] Somit gilt es zu prüfen, wer für sie Ansprüche geltend machen könnte.

2. Internationale Organisationen als Vertreter der Menschheit

In der Literatur ist vorgeschlagen worden, internationalen Organisationen, also z. B. der UNESCO, die Wahrung der Interessen der Menschheit zu übertragen.[375] In der Vergangenheit haben sich solche Organisationen im Ernstfall jedoch als machtlos erwiesen: Im Jugoslawienkrieg konnten weder Waffenstill-

368 Dritter Abschnitt B.II.1., S. 46 ff.

369 Vgl. oben dritter Abschnitt B.II.2., S. 54 ff.

370 Dritter Abschnitt B.II.2.c.dd)., S. 59 f.

371 Seerechtsübereinkommen der Vereinten Nationen v. 10.10.1982, BGBl. 1994 II, S. 1799.

372 *Pfeifle*, UNESCO-Weltkulturerbe, S. 22; *Stocker*, Prinzip des CHOM, S. 122.

373 *Merryman*, NYUJILP 15 (1983), S. 757 [759]; *Williams*, Protection of Cultural Property, S. 52.

374 *Wyss*, Kultur als eine Dimension der Völkerrechtsordnung, S. 139.

375 *Nahlik*, Annuaire de l'A. A. A. 37/38 (1967/68), S. 156 [161].

standsappelle noch die einseitig durch die UNESCO erfolgte Erklärung Dubrovniks zum Weltkulturerbe die Zerstörung von dessen Altstadt aufhalten.[376]

Auch wenn man internationale Organisationen zum Inhaber völkerrechtlicher Haftungsansprüche für Verletzungen des Kulturgüterschutzes machen würde, wäre nicht viel gewonnen. Denn die strikte Begrenzung der Parteifähigkeit nach Art. 34 Abs. 1 IHG-Statut würde die prozessuale Durchsetzung entsprechender Ansprüche von vorneherein vereiteln.

Im Übrigen dürfte diese Lösung nicht dem aktuell geltenden Völkerrecht entsprechen. Denn Haftungsansprüche internationaler Organisationen wurden bislang stets nur dann anerkannt, wenn die Organisation in eigenen Rechten verletzt war.[377] Mit der WEK verpflichteten sich die Staaten aber nicht gegenüber der UNESCO, sondern untereinander zur Beachtung des Kulturerbes der Welt. Die UNESCO als internationale Organisation bleibt daher auf die ihr zugewiesenen Kompetenzen beschränkt. Nicht einmal die *implied-powers*-Doktrin kann aus einer Pflicht gegenüber Vertragsstaaten eine Pflicht gegenüber der internationalen Organisation machen.[378]

3. Kulturgüterschutz als Pflichten *erga omnes*

Ein anderer Vorschlag in der Literatur geht dahin, die einschlägigen völkerrechtlichen Normen zum Kulturgüterschutz als Pflichten *erga omnes* zu charakterisieren.[379] Diese zeichnen sich dadurch aus, dass jeder Staat ein Interesse an ihrer Durchsetzung hat; ihre Existenz wurde auch vom IGH anerkannt.[380] Die An-

---

376 *Wyss*, VN 1994, S. 92 [93].

377 So im Fall *Bernadotte*, ICJ, *Reparations for Injuries Suffered in the Service of the United Nations*, Rechtsgutachten v. 11.04.1949, ICJ-Rep. 1949 S. 174 [181 ff.]. Der IGH hat hier entschieden, dass die VN in ähnlicher Weise wie Staaten beim diplomatischen Schutz Ansprüche bei Rechtsverletzungen zulasten ihrer Bediensteten geltend machen können.

378 In seinem Rechtsgutachten ICJ, *Certain Expenses of the United Nations*, Rechtsgutachten v. 20.07.1962, ICJ-Rep. 1962, S. 151 hat der IGH zwar die Lehre von den „*implied powers*" in einem weiten Sinne dahingehend angewendet, dass Handlungen „*appropriate for the fulfilment of one the [...] purposes*" (S. 168) der Organisation nicht *ultra vires* seien. Es besteht aber ein großer dogmatischer Unterschied darin, ob Realakte einer Organisation in deren Kompetenzbereich liegen, oder ob der Organisation subjektive Rechte und damit Ansprüche gegen Vertragsstaaten eingeräumt werden, die so in den zugrunde liegenden Vertragstexten nicht vorgesehen sind.

379 *Francioni/Lenzerini*, EJIL 14 (2003), S. 619 [634]; *Goy*, RGDIP 109 (2005), S. 283; *Francioni*, RGDIP 111 (2007), S. 19 [40].

380 ICJ, *Barcelona Traction, Light and Power Company, Limited II* (Belgien v. Spanien), Urt. v. 05.02.1970, ICJ-Rep. 1970, S. 3, § 33. Der IGH beschränkte das Konzept aller-

nahme von *erga-omnes*-Pflichten läuft darauf hinaus, das Konzept des CHOM im Bereich des Kulturgüterschutzes als Konzept von *common concerns of mankind* zu interpretieren.[381]

Die Annahme von *erga-omnes*-Pflichten hätte zur Folge, dass jeder Staat berechtigt wäre, quasi als Sachwalter für die gesamte Menschheit gegen Verstöße anderer Staaten vorzugehen.[382] Konsequenterweise wäre also jeder Staat Inhaber völkerrechtlicher Haftungsansprüche.

Zwar ist in der Literatur die Statuierung von *erga-omnes*-Pflichten im Kulturgüterschutzrecht verschiedentlich deshalb abgelehnt worden, weil sich kein entsprechendes Völkergewohnheitsrecht nachweisen lasse.[383] Diese Position ist aber nicht nur praktisch unbefriedigend, weil sie auf die Sanktionslosigkeit unbestrittener Rechtspflichten hinausläuft.[384] Sie ist auch dogmatisch nicht stimmig, weil eine *erga-omnes*-Pflicht durch *Auslegung* bestehender Rechtsnormen festgestellt wird, weshalb eine eigene völkergewohnheitsrechtliche Norm überhaupt nicht nachgewiesen werden muss.

4. Eigener Ansatz: Pflichten *erga omnes tactos*[385]

Die Ansicht, das Kulturgüterschutzrecht beinhalte völkerrechtliche Pflichten *erga omnes*, geht in die richtige Richtung. Ihre Berechtigung liegt zunächst einmal darin, dass die mutwillige Zerstörung von Kulturgütern seit dem 19. Jahrhundert von der Völkerrechtslehre einhellig geächtet wird, der Kulturgüterschutz also zu einem der Grundprinzipien der Völkerrechtsordnung geworden ist.[386]

Freilich gibt es auch berechtigte Kritik an der Statuierung von *erga-omnes*-Pflichten. Unter Hinweis auf den Grundsatz *pacta tertiis nec nocent nec pros-*

---

dings sogleich, indem er als Beispiele das Aggressionsverbot, das Genozidverbot und fundamentale Menschenrechte nannte (§ 34) und zugleich entschied, diplomatischer Schutz könne nur vom Heimatstaat ausgeübt werden (§ 91).

381 Ähnlich *Pfeifle*, UNESCO-Weltkulturerbe, S. 23 f.; *Francioni*, RGDIP 111 (2007), S. 19 [33].

382 So jedenfalls die h. M., vgl. *Kokott*, in: *Ress/Stein*, Diplomatischer Schutz, S. 45 [59]. Die Gegenmeinung kann nicht erklären, was andernfalls *erga-omnes*-Pflichten überhaupt bezwecken sollten.

383 So *Brenner*, Suffolk TNLR 29, S. 237 [263].

384 Auch *Brenner* hält die Zerstörung der Buddha-Statuen für einen Verstoß gegen die WEK, vgl. a. a. O., S. 259 f.

385 Dt. etwa „gegenüber allen Betroffenen".

386 *Francioni/Lenzerini*, EJIL 14 (2003), S. 634.

unt[387] schlagen einige Autoren vor, lediglich von Pflichten *erga omnes partes*, also gegenüber allen Vertragsparteien der einschlägigen völkerrechtlichen Konventionen auszugehen.[388] Sie übersehen dabei freilich, dass der Kulturgüterschutz in weiten Teilen zum Völkergewohnheitsrecht geworden ist und deshalb alle Staaten bindet.

Gleichwohl ist der Einwand insoweit berechtigt, als er darauf aufmerksam macht, dass dem internationalen Kulturgüterschutz der Grundsatz der Souveränität der Staaten gegenübersteht.[389] Beide Prinzipien des Völkerrechts müssen gegeneinander abgewogen werden. Wäre bei jeder Verletzung kulturgüterrechtlicher Bestimmungen jeder Staat zur Geltendmachung von Rechten berechtigt, so bestünde die Gefahr der massiven Einmischung in innere Angelegenheiten anderer Staaten. Es macht offensichtlich einen Unterschied, ob ein Staat einzigartige Buddha-Statuen aus dem 6. Jahrhundert in die Luft sprengt und damit unwiederbringlich zerstört, oder ob ein Staat ein architektonisch-landschaftlich herausragendes Ensemble wie das Dresdner Elbtal durch eine zugegebenermaßen unansehnliche Brücke verschandelt.

Zur Auflösung des Konflikts zwischen internationalem Kulturgüterschutz und staatlicher Souveränität kann auf die oben entwickelte Definition des Kulturguts als eines Gegenstands, der bestimmte Funktionen wie Identitätsstiftung, Erinnerung der Vergangenheit und Bewahrung außergewöhnlicher Werke erfüllt, zurückgegriffen werden. Diese Funktionen werden nicht von jedem Kulturgut für alle Staaten gleichermaßen erfüllt. Manche Kulturgüter haben überhaupt nur regionale Bedeutung, andere nur für einen bestimmten Staat. Internationale Bedeutung erlangt ein Kulturgut dann, wenn es für mehrere oder sogar alle Staaten einen kulturellen Wert darstellt. Das ist zum Beispiel der Fall, wenn ein Gegenstand die Geschichte mehrerer Staaten oder vielleicht sogar der ganzen Welt beeinflusst hat. Die amerikanische Unabhängigkeitserklärung beispielsweise ist zwar in erster Linie Zeugnis der amerikanischen Geschichte, hat darüber hinaus aber durch ihre revolutionären Ideen erst Frankreich und dann ganz Europa beeinflusst.[390] Das Schloss von Versailles mag in erster Linie fran-

387 Vgl. Art. 34 des Wiener Übereinkommens über das Recht der Verträge v. 23.05.1969, BGBl. 1985 II, S. 926.

388 *Pfeifle*, UNESCO-Weltkulturerbe, S. 157 f.; *O'Keefe*, ICLQ 53 (2004), S. 189 [191 f.]; *v. Schorlemer*, GYIL 51 (2008), S. 321 [361].

389 *Williams*, Protection of Cultural Property, S. 56 f.

390 Auch wenn vor allem der Inhalt der Unabhängigkeitserklärung von großer Bedeutung ist, handelt es sich aber bei dem physischen Dokument eben um den Gegenstand, der die Weltgeschichte maßgeblich beeinflusst hat und damit aus der Sicht vieler Staaten, wenn nicht aller, besonders schützenswert ist.

zösisches Kulturgut sein, seiner Architektur ist aber in ganz Europa nachgeeifert worden.

Staaten sind also dann von der Verletzung kulturgüterschützender Normen betroffen, wenn es eine nachvollziehbare Verbindung zwischen ihnen und dem verletzten Kulturgut gibt. Einzigartige Relikte früherer Zeiten, die ein besonderes Zeugnis menschlicher Zivilisation sind, stehen dabei von vorneherein in einer Verbindung zur gesamten Menschheit und damit zu allen Völkern. Bei den Bamiyan-Statuen wird diese Verbindung z. B. darin deutlich, dass sie Gegenstand einer Sondersitzung der VN-Generalversammlung waren und auf deutschen Vorschlag nach Redebeiträgen von Ländern aus der ganzen Welt, von Kolumbien über Indien bis Japan, einstimmig eine Resolution zur Verhinderung der Sprengung verabschiedet wurde.[391]

Daneben ist auch denkbar, dass ein Kulturgut zwar nicht in Verbindung zur ganzen Welt steht, wohl aber zu einer Region. Im Rahmen des Europarats haben sich die europäischen Staaten beispielsweise untereinander dazu verpflichtet, ihr gemeinsames archäologisches[392] und architektonisches[393] Erbe zu schützen. Somit ist der Konflikt zwischen Kulturgüterschutz und staatlicher Souveränität im Sinne eines Betroffenheits-Erfordernisses aufgelöst, das zugleich dem Grundsatz der Subsidiarität entspricht.

Folglich können alle diejenigen Staaten Haftungsansprüche geltend machen, die in einer besonderen Rechtsbeziehung zu dem Kulturgut dadurch stehen, dass es seine Funktion als Kulturgut auch in Bezug auf den Anspruch stellenden Staat erfüllt, letztlich für diesen Staat „von Bedeutung" ist. Im Sinne des empirischen Definitionsansatzes ist diese Bedeutung an der tatsächlichen Aufmerksamkeit zu messen, die dem betroffenen Kulturgut zuteil wird. Bei Gegenständen, denen weltweit herausragende Bedeutung beigemessen wird, ist jeder Staat zur Geltendmachung von Ansprüchen berechtigt, sodass sich die Schutzpflicht *erga omnes tactos* zu einer Pflicht *erga omnes* wandelt.

II. Zurechenbarkeit

Besondere Schwierigkeiten hinsichtlich der Zurechenbarkeit können sich in nicht-internationalen bewaffneten Konflikten ergeben. Gemäß dem ILC-Entwurf

391 Vgl. das Prot. der 94. Plenarsitzung der 55. Sitzungsperiode der VN-Generalversammlung v. 09.03.2001, UN-Dok. A/55/PV.94.

392 Europäisches Übereinkommen zum Schutz archäologischen Kulturguts v. 06.06.1969, BGBl. 1974 II, S. 1285 (im Folgenden: EArchäoK).

393 Übereinkommen zum Schutz des architektonischen Erbes Europas v. 03.10.1985, BGBl. 1987 II, S. 623 (im Folgenden: EArchitektK).

zur Staatenverantwortlichkeit haftet der Staat auch für das Verhalten einer aufständischen Bewegung, wenn es dieser gelingt, die Regierungsgewalt zu erringen.[394] Dies entspricht der Rechtsprechung internationaler Schiedsgerichte.[395] Die Haftung für das Verhalten siegreicher Aufstandsbewegung dürfte somit völkergewohnheitsrechtlichen Charakter haben.[396] Dagegen haftet der Staat nicht für Handlungen der aufständischen Bewegung, wenn diese sich nicht durchsetzen kann.[397] Hat die aufständische Bewegung aber Erfolg, so haftet sie nicht nur für eigenes Fehlverhalten, sondern auch für das derjenigen Regierung, die sie verdrängt hat.[398]

Die Frage der Zurechenbarkeit ist auch für die Handlungen des Taliban-Regimes aufgeworfen worden. Zum Zeitpunkt der Zerstörung der Buddha-Statuen kontrollierten die Taliban etwa 90 bis 95 Prozent des afghanischen Territoriums, wurden von der großen Mehrheit der Staaten jedoch nicht als afghanische Regierung anerkannt.[399] In der VN-Generalversammlung verurteilte ein Vertreter der offiziell von der Mehrheit der Staaten anerkannten, aber ohne effektive Kontrolle über das eigene Land befindlichen afghanischen Regierung die geplante Sprengung.[400]

Da es jedoch für die Zurechenbarkeit allein auf die effektive Kontrolle über das Hoheitsgebiet, nicht dagegen auf die Anerkennung der Regierung ankommt,[401] wird die völkerrechtliche Verantwortlichkeit Afghanistans für Völkerrechtsverletzungen des Taliban-Regimes, soweit ersichtlich, einhellig bejaht.[402]

III. Normverstoß

Für die Frage der einschlägigen völkerrechtlichen Normen muss zwischen der Situation des nicht-international bewaffneten Konflikts und dem Friedensvölkerrecht unterschieden werden.

---

394 Art. 10 Abs. 1 ILC-Entwurf zur Staatenverantwortlichkeit.

395 Gemischte französisch-mexikanische Schiedskommission, *George Pinson (France) v. United Mexican States*, Schiedsspruch v. 19.10.1928 (Nr. 1), RIAA 5, S. 327 [353].

396 *Simma*, AVR 24 (1986), S. 357 [373].

397 *Crawford*, Commentary ILC-Entwurf Staatenverantwortlichkeit (Fn. 78), Art. 10 § 4.

398 *Crawford*, Commentary ILC-Entwurf Staatenverantwortlichkeit, Art. 10 § 5.

399 *Francioni/Lenzerini*, EJIL 14 (2003), S. 619 [622].

400 Prot. der 94. Plenarsitzung der 55. Sitzungsperiode der VN-Generalversammlung v. 09.03.2001, UN-Dok. A/55/PV.94, S. 3 f.

401 *Dahm/Delbrück/Wolfrum*, Völkerrecht I/3, S. 895.

402 *Goy*, RGDIP 109 (2005), S. 282; *Francioni/Lenzerini*, EJIL 14 (2003), S. 619 [629 f.].

1. Verbote im nicht-international bewaffneten Konflikt

Auch im nicht-internationalen bewaffneten Konflikt ist die HK-1954 anwendbar.[403] Sie verpflichtet die Parteien des Konflikts, also auch nichtstaatliche Akteure wie aufständische Bewegungen,[404] Kulturgüter zu respektieren.[405] Der in Art. 19 Abs. 1 HK-1954 enthaltene Verweis auf die Vorschriften der Konvention, welche die Respektierung von Kulturgut betreffen, ist nicht eindeutig, muss aber mehr als nur Art. 4 HK-1954 umfassen, weil sonst ein Verweis auf diese Vorschrift genügt hätte.[406] *Pabst* kommt in einer umfangreichen Analyse zu dem Schluss, dass die Vorschriften der HK-1954 im Wesentlichen umfassend auch im nicht-internationalen bewaffneten Konflikt gelten.[407] Eindeutiger als die HK-1954 regelt Art. 22 Abs. 1 HK-1954 ZP II die umfassende Geltung des Protokolls auch im nicht-internationalen bewaffneten Konflikt.[408] Der Kulturgüterschutz hat auch ins Genfer Recht zum nicht-internationalen bewaffneten Konflikt Eingang gefunden. Art. 16 ZP II[409] verbietet feindliche Handlungen gegen

---

403 Art. 19 HK-1954.

404 Allg. Ansicht in der Literatur, vgl. *Toman*, Commentary on HK-1954, S. 212 f.; *Pabst*, Kulturgüterschutz, S. 178. Diese Ansicht irrt aber, wenn sie meint, sich auf die Rechtschreibung des Originals der Konvention berufen zu können. Zwar wird im engl., frz. und span. Text in Art. 19 HK-1954 „Partei" kleingeschrieben („each *p*arty" [engl.], „chacune des *p*arties" [frz.], „cada una de las *p*artes" [span.]), während bei den übrigen Vertragsbestimmungen „Partei" (i. S. v. Vertragspartei) großgeschrieben wird („High Contracting *P*arties" [engl.], „Hautes *P*arties contractantes" [frz.], „Altas *P*artes Contratantes" [span.]). Im russ. Text wird „Parteien" aber auch in Art. 19 Abs. 1 HK-1954 großgeschrieben („каждая из *С*торон", alle Hervorhebungen durch den Verf.), obwohl auch im Russischen Substantive grundsätzlich klein geschrieben werden. Letzteres deutet also darauf hin, dass auch in Art. 19 HK-1954 nur die Vertragsparteien gemeint sind. Der Wortlaut ist somit zweideutig, da alle Sprachfassungen gemäß Art. 29 Abs. 1 HK-1954 gleichermaßen verbindlich sind. Entscheidend ist letztlich zugunsten der allg. Ansicht, dass die Verpflichtung zur Einhaltung der Konvention für die siegreiche aufständische Bewegung *ex tunc* dogmatisch daraus folgt, dass sie als spätere Vertreterin des Staates selbst an dessen Pflichten gebunden ist; ähnlich: *Williams*, Protection of Cultural Property, S. 46.

405 Art. 19 Abs. 1 HK-1954.

406 *Toman*, Commentary on HK-1954, S. 213.

407 *Pabst*, Kulturgüterschutz, S. 178 ff.

408 Auch hier ist aber nicht ganz eindeutig, ob das Protokoll auch nicht-staatliche Akteure, also vor allem aufständische Bewegungen, bindet. Dazu: *Henckaerts*, in: *Woudenberg/Lijnzaad*, Protecting Cultural Property in Armed Conflict, S. 83 ff. Letztlich ist die Frage zu bejahen, vgl. Argumentation Fn. 404.

409 Zusatzprotokoll zu den Genfer Abkommen vom 12.08.1949 über den Schutz der Opfer nicht internationaler bewaffneter Konflikte (Protokoll II), v. 08.06.1977, BGBl. 1990 II, S. 1637.

Kulturgüter. Schließlich kann von einem völkergewohnheitsrechtlichen Mindestschutz ausgegangen werden.[410]

2. Verbote im Friedensvölkerrecht

Traditionell ist der Kulturgüterschutz Kriegsvölkerrecht. Fraglich ist, welche Bestimmungen Eingang ins Friedensvölkerrecht gefunden haben.

a) Welterbe-Konvention (WEK)

Die WEK ist das über die juristische Öffentlichkeit hinaus bekannteste völkerrechtliche Übereinkommen zum Schutz von Kulturgütern. In der juristischen Literatur ist allerdings umstritten, ob die WEK überhaupt verbindliche Rechtspflichten enthält. Insbesondere im deutschen Schrifttum ist die Auffassung verbreitet, die WEK sei lediglich „soft law".[411] Zu dieser Auffassung wird das deutsche Schrifttum möglicherweise durch die unrühmliche Ratifikationsgeschichte der WEK in Deutschland verleitet: Offenbar ist kein Transformationsgesetz ergangen,[412] sodass die WEK innerstaatlich nicht unmittelbar anwendbar ist.[413]

Dies alles darf aber nicht darüber hinwegtäuschen, dass es sich bei der WEK um ein internationales Vertragswerk handelt, was schon daran deutlich wird,

---

410 *Pabst*, Kulturgüterschutz, S. 250 ff.; a. A. *Dolzer*, in: *Dolzer/Jayme/Mußgnug*, Rechtsfragen des Kulturgüterschutzes, S. 149 [157].

411 *Kilian*, LKV 2008, S. 248 bezeichnet die Verpflichtungen der WEK als „wachsweich" [S. 251]; *Müller*, NJ 2007, S. 252 [254] meint, die Staaten müssten sich lediglich „bemühen", die Konvention einzuhalten; aus dem nichtdeutschen Schrifttum tendiert *Frigo*, Protezione dei beni culturali, S. 179 f., dazu, die WEK lediglich als Verpflichtung zur Kooperation zu interpretieren; inkohärent äußert sich *O'Keefe*, ICLQ 53 (2004), S. 189, der nach einer umfangreichen Analyse des Völkergewohnheitsrechts zu dem Schluss kommt, die Zerstörung von Kulturgütern im Frieden sei nicht vom Völkerrecht verboten [S. 207], obwohl er nur wenige Seiten zuvor feststellt, die Zerstörung der Bamiyan-Statuen „constituted flagrant violations of the World Heritage Convention itself" [S. 195]; sehr krit. zur ablehnenden Haltung des dt. Schrifttums: *Hönes*, NZWehrR 2008, S. 45 [55].

412 Zwar antwortete die Bundestagsverwaltung den nach einem Transformationsgesetz forschenden Völkerrechtlern, ein solches sei erlassen worden, nur die Fundstelle „nicht belegt", vgl. *v. Bogdandy/Zacharias*, NVwZ 2005, S. 527 [529]. Ein Blick ins Bundesgesetzblatt zeigt aber, dass dort lediglich die Ratifikation der WEK bekannt gemacht wird, wie dies bei Verwaltungsabkommen der Fall ist, während ein Transformationsgesetz nicht ersichtlich ist, vgl. BGBl. 1977 II, S. 213 ff. Das AA teilte *v. Bogdandy* und *Zacharias* schließlich mit, die Ratifikation sei aufgrund eines Kabinettsbeschlusses erfolgt.

413 So jedenfalls die herrschende dualistische Lehre. Speziell für die WEK vgl. BVerfGK 11, 241 [245]; *Wolf*, ZUR 2007, S. 525 [530].

dass sie gemäß Art. 31 Abs. 1 WEK zu ihrem Inkrafttreten der Ratifikation bzw. Annahme bedarf. Die WEK sieht außerdem eine Kündigungsoption[414] vor, eine Vorschrift, die unnötig wäre, wenn es sich nur um eine unverbindliche Absichtserklärung handeln sollte. Nach alledem ist die WEK als völkerrechtlicher Vertrag zu qualifizieren. Es handelt sich damit um eine verbindliche Rechtsquelle des Völkerrechts i. S. d. Art. 38 lit. a) IGH-Statut und keineswegs nur um „soft law".

Zu diesem Schluss ist auch der *High Court of Australia* in einer Reihe von Entscheidungen gekommen. Die erste dieser Entscheidungen ist zugleich ein Grundsatzurteil zur Kompetenzverteilung zwischen dem *Commonwealth of Australia* und den australischen Bundesstaaten. Eine knappe Mehrheit der Richter entschied, dass das *Commonwealth* den Bau eines geplanten Staudamms in einer als UNESCO-Welterbe verzeichneten Stelle verhindern durfte, da die Art. 4 und 5 WEK den Vertragsstaaten Schutz- und Erhaltungspflichten auferlegten.[415] Später hat der *High Court* diese Rechtsprechung gefestigt und ausgeführt, die WEK „requires each State to take appropriate legal and other measures [...] with respect to the heritage on its territory"[416]. Komplettiert wurde die Rechtsprechung in einem dritten Urteil. In ihm wird nicht nur festgehalten, dass die Vertragsstaaten *verpflichtet* seien, Kulturgüter von besonderem Wert als solche registrieren zu lassen, sondern auch, dass selbst nicht registrierte Kulturgüter völkerrechtlichen Schutz genössen, solange sie materiell von Art. 1 WEK umfasst sind.[417]

Dem ist beizupflichten. Mit Art. 4 und 5 WEK haben sich die Vertragsstaaten verpflichtet, Kulturgüter zu schützen und zu erhalten.[418] Die Konvention verlangt also von den Vertragsstaaten ein aktives Tun i. S. e. Abwehr von Gefahren. *A fortiori* besteht erst recht das Verbot, Kulturgüter durch eigenes Handeln zu gefährden oder gar aktiv zu zerstören.[419]

---

414 Art. 35 Abs. 1 WEK.

415 H. C. of Australia, *The Commonwealth of Austrlia and Another v. The State of Tasmania and Another*, Urt. v. 01.07.1983, CLR 158 (1983), S. 1 [133], stv. für die Gegenmeinung vgl. abw. Meinung des Richters *Gibbs*, S. 87 ff.

416 H. C. of Australia, *Richardson v. The Forestry Commission and Another*, Urt. v. 10.03.1988, CLR 164 (1988), S. 261 [289].

417 H. C. of Australia, *The State of Queensland and Another v. The Commonwealth of Australia and Another*, Urt. v. 30.06.1989, CLR 167 (1989), S. 232 [240 f.].

418 „preservation" (engl.), „conservation" (frz.).

419 *Gornig*, in: FS Fiedler, S. 389 [399]; *Pfeifle*, UNESCO-Weltkulturerbe, S. 108; *v. Schorlemer*, GYIL 51 (2008), S. 321 [366]; *Goy*, RGDIP 109 (2005), S. 273 [277]; *Francioni/Lenzerini*, EJIL 14 (2003), S. 619 [631]; *Wyss*, in: *Fechner/Oppermann/Prott*, Prinzipien des Kulturgüterschutzes, S. 210 [217].

b) Weiteres Völkervertragsrecht

Auf regionaler Ebene sind besonders die Abkommen des Europarats bedeutsam, die den Schutz des archäologischen und architektonischen Erbes zum Gegenstand haben. Sie enthalten klare Schutzpflichten, die deutlicher als in der WEK formuliert sind.[420]

c) Völkergewohnheitsrecht

Ob auch das Friedensvölkerrecht gewohnheitsrechtlich die Zerstörung von Kulturgütern untersagt, ist umstritten. Die Zerstörung der Bamiyan-Statuen wurde von der internationalen Gemeinschaft einhellig verurteilt. Ob es jedoch eine *opinio iuris* dahingehend gibt, dass derartige Akte gegen Völkergewohnheitsrecht verstoßen, hängt maßgeblich von der Interpretation der einschlägigen Dokumente ab. Die Generalversammlung der UNESCO-Mitgliedstaaten hat die Zerstörung der Bamiyan-Statuen in einer Resolution als *„crime against the common heritage of humanity“* [421] bezeichnet. Dies wird von der wohl h. L. als rechtliche Bewertung verstanden und deshalb als Ausdruck einer ausreichenden Rechtsüberzeugung gesehen.[422] Die Gegenmeinung vermag darin nur eine Äußerung von politischer Relevanz zu erblicken.[423]

Zumindest die vorsätzliche Zerstörung einzigartiger Kulturgüter hat aber, wie am Beispiel der Bamiyan-Statuen deutlich wird, eine so deutliche Ächtung in der Staatengemeinschaft erfahren, dass sie kaum noch für rechtmäßig gehalten werden kann. Deshalb ist es überzeugend, von einem völkergewohnheitsrechtlichen Minimalschutz auszugehen.[424]

---

420 Vgl. Art. 2 ff. EArchäoK, Art. 3 ff. EArchitektK; hinsichtlich letzterer fehlt es ausweislich der Fundstelle im BGBl. ebenfalls an einem Transformationsgesetz, vgl. BGBl. 1987 II, S. 623 ff.

421 Vgl. das Prot. der 13. GA der UNESCO am 30/31.10.2001, UNESCO-Dok. WHC-2001/CONF.206/8, S. 28 f.

422 *Goy*, RGDIP 109 (2005), S. 273 [278 f.]; unter Hinweis auf die Tatsache, dass die WEK von fast allen Ländern der Welt ratifiziert wurde: *Francioni/Lenzerini*, EJIL 14 (2003), S. 619 [635]; *Georgopoulus*, RHDI 54 (2001), S. 451, geht davon aus, dass zumindest die vorsätzliche Zerstörung von Kulturgütern gewohnheitsrechtlich verboten ist [S. 472 f.].

423 *O'Keefe*, ICLQ 53 (2004), S. 189 [203]; ebenso *Brenner*, Suffolk TNLR 29, S. 237 [262].

424 *Williams*, Protection of Cultural Property, S. 64, der ausdrücklich den Staat auch für *haftbar* hält; *Francioni*, RGDIP 111 (2007), S. 19 [29].

3. Zwischenergebnis zum Normverstoß

In nicht-international bewaffneten Konflikt gelten im Wesentlichen die gleichen Schutzvorschriften wie im international bewaffneten Konflikt. Auch das Friedensvölkerrecht stellt Kulturgüter unter Schutz, wobei das genaue Schutzniveau von Fall zu Fall anhand der einschlägigen Vertragsnormen und einem völkergewohnheitsrechtlichen Mindestschutz zu ermitteln ist. Die unwiederbringliche Zerstörung einzigartiger Kulturgüter von besonderem Wert ist in jedem Fall verboten.

IV. Rechtsfolge

Der Haftungsanspruch ist, wie in den übrigen Fällen auch, auf Naturalrestitution gerichtet. In erster Linie muss das Kulturgut wiederhergestellt werden. Im Falle der Waldschlösschenbrücke bedeutet dies – sofern man hier einen Haftungsanspruch i. E. bejaht – dass die Brücke abzureißen und gegebenenfalls über die alternative Tunnel-Lösung nachzudenken ist. Genau dies hatte die UNESCO von Deutschland gefordert.[425] Im Falle der Bamiyan-Statuen ist zwar eine Wiederherstellung des ursprünglichen Zustands nicht möglich, da selbst ein Nachbau nicht den Wert des Originals hätte. Zumindest aber können die bestehenden Reste gesichert werden.

Schließlich könnte an einen Schadensersatz in Geld gedacht werden. Dieser müsste konsequenterweise anteilig an alle Staaten der Welt gezahlt werden. Dies würde zwar dazu führen, dass völkerrechtswidriges Verhalten sanktioniert würde. Dem Kulturgüterschutz ist aber sicher mehr gedient, wenn der Staat, der Kulturgüter verletzt hat, stattdessen dazu verpflichtet wird, Maßnahmen zum Schutz und zum Erhalt des noch bestehenden Kulturguts zu ergreifen und zu finanzieren.

V. Ergebnis zur Haftung für Verletzung *eigener* Kulturgüter

Die Zerstörung eigener Kulturgüter wird sowohl vom Friedens- als auch vom Kriegsvölkerrecht untersagt. Staaten haften insbesondere dann, wenn sie gegen die umfangreichen Schutzpflichten der WEK verstoßen. Solche Haftungsan-

---

425 UNESCO-Dec. 32 COM 7A.26, abgedruckt im Dec.-Rep. of the 32nd sess. of the World Heritage Committee (Quebec-City 2008), S. 35 f.

sprüche können von allen betroffenen Staaten geltend gemacht werden. Betroffen sind alle diejenigen Staaten, die in einer hinreichend nahen Beziehung zu dem Kulturgut stehen, um ein Interesse an seiner Erhaltung geltend machen zu können. Bei besonders wichtigen Kulturgütern von einzigartigem Wert sind dies alle Staaten der Welt, sodass ihr Schutz eine Verpflichtung *erga omnes* ist. Im Übrigen kann sich ein derartiges Interesse aus einer besonderen regionalen oder kulturellen Nähe ergeben, wie dies z. B. beim europäischen Kulturgüterschutz der Fall ist.

1. Ergebnis zur Zerstörung der Bamiyan-Statuen

Die Zerstörung der Bamiyan-Statuen ist dem heutigen afghanischen Staat zurechenbar, weil das Taliban-Regime im Zeitpunkt der Zerstörung die effektive Regierungsgewalt über Afghanistan innehatte. Auf die fehlende internationale Anerkennung dieser Regierung kommt es nicht an. Die Zerstörung war auch rechtswidrig. Dies gilt unabhängig davon, ob man das humanitäre Völkerrecht im nicht-internationalen Konflikt für einschlägig hält,[426] denn auch das Friedensvölkerrecht verbietet die mutwillige Zerstörung einzigartiger Kulturgüter. Weil es sich bei den Bamiyan-Statuen um einzigartiges Kulturgut mit besonderer Wichtigkeit für die kulturelle Entwicklung der gesamten Welt handelte, sind alle Staaten zur Geltendmachung der völkerrechtlichen Verantwortlichkeit Afghanistans berechtigt. Der Haftungsanspruch ist auf die weitmöglichste Sicherung der noch vorhandenen Ruinen gerichtet.

2. Ergebnis zur Waldschlößchenbrücke

Der Bau der Waldschlößchenbrücke ist der Bundesrepublik Deutschland zurechenbar, denn auch in einem föderalen Staat sind dem Bund die Handlungen aller Staatsorgane, also auch seiner Gliedstaaten, zurechenbar.[427] Da die Kulturlandschaft Dresdner Elbtal auf der Welterbeliste verzeichnet war, spricht einiges dafür, dass sie ein Kulturgut von so herausragendem Wert darstellt(e), dass ihr

---

426 *Goy*, RGDIP 109 (2005), S. 273 [280] meint, zum fraglichen Zeitpunkt habe in Afghanistan schon kein bewaffneter Konflikt mehr geherrscht. Nach *Francioni/Lenzerini*, EJIL 14 (2003), S. 619, ist das humanitäre Völkerrecht im nicht-internationalen bewaffneten Konflikt dagegen einschlägig, weil zum fraglichen Zeitpunkt ein solcher Konflikt vorgelegen habe [S. 632 f.]. *O'Keefe* wiederum ist der Meinung, trotz des Vorliegens eines bewaffneten Konflikts sei das humanitäre Völkerrecht nicht auf die Sprengung der Bamiyan-Statuen anwendbar, da diese nicht im Zusammenhang mit dem Konflikt erfolgt sei, Protection of Cultural Property, S. 99.

427 *v. Schorlemer*, GYIL 51 (2008), S. 321 [362]; allgemein *Crawford*, Brownlie's Principles of Public International Law, S. 547.

Schutz ebenfalls von allen Staaten der Welt geltend gemacht werden kann; zumindest alle Vertragsstaaten sind als Anspruchsinhaber zu betrachten.

Ob der Bau der Brücke gegen die WEK verstößt, ist Auslegungssache. Die dies bejahende Einschätzung des Welterbe-Komitees ist nicht mehr als ein Anhaltspunkt, denn das Komitee ist kein judikatives Organ und somit nicht zur verbindlichen Auslegung der Konvention berufen.

In der Sache spricht aber Folgendes für einen Verstoß gegen die WEK: Der besondere kulturelle Wert des Dresdener Elbtals lag vorrangig in der architektonischen Kohärenz des Gesamtensembles. Die Waldschlößchenbrücke hat mit diesem Stil gebrochen, sodass der Gesamteindruck des geschützten Ensembles verloren gegangen ist.[428] Der besondere kulturelle Wert des Dresdener Elbtals ist somit – auch ohne Substanzeinwirkung auf die bestehenden Bauten – zerstört worden. Folglich ist Deutschland haftbar.[429] Im Wege der Naturalrestitution ist die Bundesrepublik verpflichtet, die Waldschlößchenbrücke abzureißen, um so den ursprünglichen Zustand wiederherzustellen.

Dass die WEK nicht ordnungsgemäß durch ein Transformationsgesetz umgesetzt wurde, ist für die völkerrechtliche Haftung Deutschlands irrelevant, denn Deutschland hat die Ratifikation erklärt und ist damit international an die WEK gebunden. Kein Staat kann sich seiner völkerrechtlichen Pflichten unter Hinweis auf sein nationales Recht entziehen.[430]

C. Haftung im Zusammenhang mit illegalem Kulturgüterhandel

Erst in jüngster Zeit rücken die völkerrechtlichen Konsequenzen illegalen Kulturgüterhandels in den Blickpunkt der Rechtswissenschaft. Dies ist die konsequente Fortführung der Bemühungen, Kulturgüter im Krieg und im Frieden zu schützen. Denn die Möglichkeit, Kulturgüter zu „versilbern“, bietet einen erheblichen Anreiz zur Plünderung von Museen bis hin zu illegalen Ausgrabungen. Schon der Volksmund weiß: Der Hehler ist schlimmer als der Stehler.[431]

Bisher konzentrierte sich die deutsche Literatur auf die Frage, welche zivilrechtlichen Möglichkeiten insbesondere unter Berücksichtigung des internatio-

---

428 Zur Desintegration als Gefahrenquelle für Kulturgüter vgl. *Gornig*, in: FS Fiedler, S. 389 [393 f.].

429 So *v. Schorlemer*, a. a. O., S. 361.

430 *Pacta sunt servanda*, vgl. *Herdegen*, Völkerrecht, § 15 Rn. 16.

431 In manchen Ländern, z. B. Frankreich, wird er sogar härter bestraft: Art. 321-1 C. pén. sieht fünf Jahre für den Hehler, Art. 311-3 C. pén. nur drei Jahre für den Dieb vor.

nalen Privatrechts zur Rückführung von gestohlenen oder illegal exportierten Kulturgütern bestehen.[432] Die Situation hat sich für Deutschland grundsätzlich im Jahr 2007 gewandelt, als die UNESCO-Konvention zum Verbot und zur Verhütung der rechtswidrigen Einfuhr, Ausfuhr und Übereignung von Kulturgut[433] ratifiziert wurde. Im nationalen deutschen Recht wurde durch § 6 Abs. 2 KultGüRückG[434] eine Anspruchsgrundlage für die Rückforderung illegal exportierter Kulturgüter geschaffen. Ob in *völkerrechtlicher* Hinsicht die UNESCO-KHandelK und ähnliche Bestimmungen Haftungsansprüche auslösen können, soll im Folgenden untersucht werden.

I. Richtiger Anspruchsinhaber

Ausgegangen werden muss erneut davon, dass nur Völkerrechtssubjekte Inhaber eines völkerrechtlichen Haftungsanspruchs sein können. Schon die völkerrechtlichen Primärpflichten bestehen gemäß der UNESCO-KHandelK nur zwischen Völkerrechtssubjekten. In Art. 7 lit. b) ii) heißt es: Die Vertragsstaaten verpflichten sich „*auf Ersuchen des Ursprungsstaats*, der Vertragspartei ist, geeignete Maßnahmen zur Wiedererlangung und Rückgabe solchen Kulturguts zu ergreifen [...]. Ersuchen um Wiedererlangung und Rückgabe sind *auf diplomatischem Weg* zu übermitteln“[435]. Somit bestehen die völkerrechtlichen Sekundärpflichten erst recht nur zwischen Völkerrechtssubjekten, hier zwischen Staaten.

Richtiger Anspruchsinhaber eines völkerrechtlichen Haftungsanspruchs ist dann der Staat, dessen Primäranspruch auf Rückgabe von Kulturgut, wie er sich aus der UNESCO-KHandelK und eventuell auch aus Völkergewohnheitsrecht ergibt, verletzt wurde.

---

432 Z. B. *Armbrüster*, NJW 2001, S. 3581.

433 Übereinkommen über Maßnahmen zum Verbot und zur Verhütung der rechtswidrigen Einfuhr, Ausfuhr und Übereignung von Kulturgut v. 14.11.1970, BGBl. 2007 II, S. 626 (im Folgenden: UNESCO-KuHandelK).

434 Gesetz zur Ausführung des UNESCO-Übereinkommens vom 14. November 1970 über Maßnahmen zum Verbot und zur Verhütung der rechtswidrigen Einfuhr, Ausfuhr und Übereignung von Kulturgut und zur Umsetzung der Richtlinie 93/7/EWG des Rates vom 14.03.1993 über die Rückgabe von unrechtmäßig aus dem Hoheitsgebiet eines Mitgliedstaats verbrachten Kulturgütern, Kulturgüterrückgabegesetz, BGBl. 2007 I, S. 757.

435 Hervorhebung durch den Verf.

II. Zurechenbarkeit

Da hier völkerrechtliche Ansprüche untersucht werden, muss staatliches Handeln vorliegen. Die Tatsache allein, dass Kulturgüter gestohlen oder illegal exportiert werden, reicht deshalb nicht aus, um die völkerrechtliche Haftung eines Staates auszulösen. Im Wesentlichen sind drei Fälle denkbar, in denen staatlich zurechenbares Verhalten vorliegt, das eine völkerrechtliche Haftung auslöst:

Erstens kann es vorkommen, dass der Staat selbst als Teil staatlicher Maßnahmen Kulturgüter stiehlt und illegal verschleppt. Dieser Fall ist ausführlich im Dritten Abschnitt dieser Ausarbeitung behandelt worden und bedarf hier keiner weiteren Erörterung.

Zweitens liegt staatliches Handeln vor, wenn der Staat berechtigte völkerrechtliche Ansprüche auf Rückführung von Kulturgütern missachtet.

Drittens ist daran zu denken, dass der Staat seine vom Völkerrecht auferlegten Pflichten zur Verhinderung illegalen Kunsthandels missachtet und diesen dadurch erst ermöglicht.

III. Normverstoß

Die Untersuchung des Normverstoßes soll aufgrund der hier relevanten zwei Fallgruppen erfolgen, in denen staatliches Handeln vorliegt. Zunächst werden die völkerrechtlichen Rückgabeansprüche und anschließend mögliche Pflichten zu nationalen Maßnahmen gegen den illegalen Kulturgüterhandel erörtert.

1. Völkerrechtliche Rückführungsansprüche

Völkerrechtliche Rückführungsansprüche können sich aus Völkervertrags- und Völkergewohnheitsrecht ergeben.

a) UNESCO-Konvention

Art. 7 lit. b) ii) UNESCO-KHandelK normiert einen völkerrechtlichen Rückführungsanspruch.[436] Über die Anspruchsvoraussetzungen herrscht im deutschen Schrifttum einige Verwirrung, da nicht sauber zwischen gestohlenem und lediglich illegal exportiertem Kulturgut unterschieden wird.[437] Richtigerweise sind

---

436 *Carducci*, Restitution internationale des biens culturels, S. 242; *Siehr*, RdC 243 (1993), S. 13, § 258 ff.

437 *Hönes*, BayVBl. 2006, S. 165 etwa behauptet, der Rückführungsanspruch bestehe für illegal exportiertes Kulturgut [S. 170]; *Halsdorfer*, IPrax 2008, S. 395 wiederum meint, der Rückführungsanspruch bestehe für illegal *importiertes* Kulturgut [S. 397].

beide Fälle strikt voneinander zu trennen, wie sich aus der Systematik ergibt. Denn der Rückführungsanspruch ist unter Art. 7 lit. *b)* UNESCO-KHandelK normiert und kann sich somit nur auf den unter lit. b) Unterabsatz i) definierten Fall beziehen, dass Kulturgüter „aus einem Museum oder einem religiösen oder weltlichen öffentlichen Baudenkmal oder einer ähnlichen Einrichtung in einem anderen Vertragsstaat gestohlen worden“[438] sind. Folglich besteht ein Rückführungsanspruch gemäß Art. 7 lit. b) ii) UNESCO-KHandelK nur für aus öffentlichen Museen etc. gestohlenes Kulturgut; es ist also weder jedwedes gestohlenes Kulturgut noch lediglich illegal exportiertes Kulturgut umfasst.[439] Mag der englische Wortlaut diesbezüglich nicht ganz eindeutig sein, so bringt doch der ebenfalls verbindliche französische Wortlaut Klarheit, da er den Rückforderungsanspruch auf „tout bien *ainsi volé*“[440] bezieht. Wären dagegen, wie dies ein Teil der Literatur meint,[441] alle illegal exportieren Kulturgüter vom Rückführungsanspruch umfasst, so bliebe außerdem unerklärlich, warum Art. 7 lit. a) UNESCO-KHandelK für letztere die Verpflichtung der Staaten vorsieht, ihre Museen am Erwerb derselben zu hindern. Unterlägen diese bereits einem Rückführungsanspruch, käme der Erwerb durch ein Museum nämlich gar nicht erst in Betracht.

Es darf auch nicht von der deutschen Transformationsgesetzgebung auf den Inhalt des Vertrages geschlossen werden. § 2 Abs. 2 KultGüRückG sieht tatsächlich einen Rückführungsanspruch bereits im Falle des illegalen Exports vor. Der deutsche Gesetzgeber hat damit aber von seinem Recht Gebrauch gemacht, einen nationalen Rückgabeanspruch zu normieren, der über das völkerrechtlich gebotene Mindestmaß hinausgeht.[442]

---

438 *Turner*, Restitutionsrecht nach Ausfuhr von Kulturgütern, S. 220.

439 Ebenso *Gornig*, in: *Gornig/Schiller/Wesemann*, Griechenland in Europa, S. 61 [81]; *Freytag*, in: *Fechner/Oppermann/Prott*, Prinzipien des Kulturgüterschutzes, S. 175 [181]; *Carducci*, Restitution internationale des biens culturels, S. 242 f.; *Jaeger*, Internationaler Kulturgüterschutz, S. 136; *Prott*, ZVglRWiss 95 (1996), S. 188 [190].

440 Hervorhebung durch den Verf.

441 Nachweise Fn. 437.

442 Es ist nicht ganz eindeutig, ob sich der Gesetzgeber bewusst war, dass er mit § 6 Abs. 2 KultGüRückG über die Anforderungen von Art. 7 lit. b) ii) UNESCO-KHandelK hinausging. Darauf deutet aber die amtliche Gesetzesbegründung hin, in der betont wird, dass die UNESCO-Konvention und die Richtlinie 93/7/EWG in einem einheitlichen System umgesetzt werden sollten, vgl. BT-Drs. 16/1371, S. 16. Tatsächlich sieht Art. 5 Abs. 1 der Richtlinie (Richtlinie 93/7/EWG des Rates v. 15.03.1993 über die Rückgabe von unrechtmäßig aus dem Hoheitsgebiet eines Mitgliedstaats verbrachten Kulturgüter, ABl. EG Nr. L 74 S. 74) einen Rückforderungsanspruch schon bei illegalem Export vor. Es ist also nachvollziehbar, zum Zwecke einer einheitlichen Regelung über die Mindestanforderungen der UNESCO-KHandelK hinauszugehen.

b) UNIDROIT-Konvention

Inzwischen gibt es auch eine UNIDROIT-Konvention über gestohlene oder rechtswidrig ausgeführte Kulturgüter.[443] Zwar ist die UNIDROIT-KHandelK 1998 in Kraft getreten. Die meisten Vertragsstaaten sind aber weder EU-Staaten noch Schauplätze des Kunsthandels; es handelt sich zumeist um Herkunftsländer von gestohlenem Kulturgut. Deutschland plant keinen Beitritt.[444]

Art. 5 Abs. 1 UNIDROIT-KHandelK sieht einen Rückführungsanspruch vor, der über die UNESCO-KHandelK hinausgeht, weil er die Rückführungspflicht bereits bei illegalem Export vorsieht.[445] Für gestohlenes Kulturgut sieht zudem Art. 3 UNIDROIT-KHandelK einen Rückgabeanspruch vor, der von Privatpersonen geltend gemacht werden kann.[446] Dogmatisch ist dies so zu sehen, dass sich die Vertragsstaaten untereinander verpflichten, Privatpersonen einen derartigen Anspruch zuzugestehen. Da nach hier vertretener Ansicht Privatpersonen nicht passiv deliktsfähig sind, kann im Falle einer Verletzung dieser Pflicht allerdings nur der Heimatstaat im Wege des diplomatischen Schutzes *völkerrechtliche* Haftungsansprüche geltend machen.

c) Völkergewohnheitsrechtliche Rückführungsansprüche

Ausgiebig sind in der Literatur völkergewohnheitsrechtliche Rückführungsansprüche verschiedenster Art diskutiert worden. Die Mehrzahl der dabei diskutierten Fälle bezieht sich auf die Verschleppung von Kulturgütern in Kriegszeiten. Es wurde bereits ausführlich dargelegt, dass in diesem Fall der Rückführungsanspruch aus einem völkerrechtlichen Haftungsanspruch wegen Verstoßes gegen die einschlägigen Normen des humanitären Völkerrechts folgt.

Hier soll deshalb nur untersucht werden, ob es einen völkergewohnheitsrechtlichen Anspruch auf Rückgabe illegal exportierter Kulturgüter gibt. Mit dieser speziellen Frage haben sich bisher *Freytag*[447] und *Gornig*[448] befasst, die sie beide verneinen.

Bei der Untersuchung lassen sich Staatenpraxis und Rechtsüberzeugung nur schwer voneinander trennen. Denn sowohl Staatenpraxis als auch Rechtsüber-

---

443 UNIDROIT Convention on Stolen or Illegaly Exported Cultural Objects v. 24.06.1995, engl. authentischer Text nebst nichtamtlicher dt. Übersetzung in ZVglRWiss 95 (1996), S. 203 ff. (im Folgenden: UNIDROIT-KHandelK).

444 Vgl. die amtl. Gesetzesbegründung zum KultGüRückG, BT-Drs. 16/1371, S. 13.

445 *Thorn* bezeichnet die Regelung als „absolutes Novum“: Kulturgüterschutz nach der UNIDROIT-Konvention, S. 137.

446 *Prott*, Commentary UNIDROIT-KHandelK S. 31 f.

447 *Freytag*, in: *Fechner/Oppermann/Prott*, Prinzipien des Kulturgüterschutzes, S. 183 ff.

448 *Gornig*, in: *Gornig/Schiller/Wesemann*, Griechenland in Europa, S. 83 ff.

zeugung manifestieren sich in diesem Bereich letztlich in einer Reihe von Urteilen nationaler Gerichte. Als Urteile spiegeln sie eine Rechtsüberzeugung wider; ihre Vollstreckung bildet aber zugleich die einschlägige Staatenpraxis.

aa) Entscheidungen deutscher Gerichte

Deutsche Gerichte haben sich vor allem mit den Auswirkungen illegalen Exports auf schuldrechtliche Verträge befasst. Schon das Reichsgericht war 1898 der Meinung, schuldrechtliche Verträge, welche die Verletzung ausländischer Exportbestimmungen befreundeter Staaten bezweckten, seien sittenwidrig und gemäß I. 4 § 7 ALR nichtig.[449] Der BGH hat diese Rechtsprechung später ausgebaut und im Nigeria-Fall einen Versicherungsvertrag über den Transport illegal exportierter Kulturgüter wegen Sittenwidrigkeit gemäß § 138 BGB für nichtig gehalten.[450]

Das *OLG Schleswig* hat in einem Fall griechisches Staatseigentum an einem Fund antiker Münzen anerkannt.[451] Dieses Urteil gibt jedoch für eine Rechtsüberzeugung hinsichtlich eines Rückführungsanspruchs illegal exportierter Kulturgüter nichts her, denn die Entscheidung beruhte allein auf der Anwendung des griechischen Schatzregals über die *lex-rei-sitae*-Regel.

bb) Entscheidungen ausländischer Gerichte

Ähnlich verhält es sich mit dem amerikanischen Urteil *Kunstsammlung zu Weimar v. Elicofon*,[452] das längst zu einem „Klassiker“ im Recht des illegalen Kunsthandels geworden ist. In dem Fall ging es um zwei Dürer-Gemälde, die während des Zweiten Weltkriegs in Deutschland unter letztlich ungeklärten Umständen gestohlen und später gutgläubig in New York erworben wurden. Erst später wurde dem Erwerber der wahre Wert bewusst. Das Urteil sagt aber nichts über einen völkerrechtlichen Rückführungsanspruch aus. Letztlich ging es nur um die Frage, ob auf den Fall deutsches oder New Yorker Zivilrecht anwendbar war. Nach deutschem Recht hätte der Erwerber gemäß § 937 BGB die Gemälde gutgläubig ersessen. Nach New Yorker Recht kamen weder gutgläubiger Erwerb noch Ersitzung in Betracht.[453] Das Gericht wendete die *lex-rei-sitae*-Regel und folgerichtig New Yorker Recht an, sodass die Gemälde herauszugeben waren.[454]

---

449 RGZ 42, 295 [297].

450 BGHZ 59, 82 [85 ff.].

451 OLG Schleswig, NJW 1989, S. 3105.

452 U.-S. C. A., 2nd Circ., *Kunstsammlung zu Weimar v. Elicofon*, Urt. v. 05.05.1982, F.2d 678 (1982), S. 1150.

453 *Kunstsammlung zu Weimar v. Elicofon*, a. a. O., §§ 11 f.

454 *Kunstsammlung zu Weimar v. Elicofon*, a. a. O., §§ 8 ff.

Die Entscheidung beruht somit allein auf zivil- und internationalprivatrechtlichen Erwägungen und gibt folglich für einen völkerrechtlichen Rückgabeanspruch nichts her.[455]

Etwas anders liegt die Sache im Fall *Attorney General of New Zealand v. Ortiz and others*. Gegenstand dieser *cause célèbre* des Kunstrestitutionsrechts waren Schnitzereien von Eingeborenen aus Neuseeland, die von einem New Yorker Kunsthändler entgegen den neuseeländischen Exportbestimmungen außer Landes geschafft worden waren und schließlich in London zur Versteigerung auftauchten.[456] In drei Instanzen[457] beschäftigten sich britische Gerichte mit der Frage, ob nach dem einschlägigen neuseeländischen *Historic Articles Act*[458] der rechtswidrige Export zu einem automatischen Eigentumserwerb Neuseelands geführt habe.

Während das erstinstanzliche Urteil dies noch bejaht hatte,[459] wurde der automatische Eigentumserwerb vom *Court of Appeal*[460] und vom *House of Lords*[461] aus unterschiedlichen Gründen verneint. Lediglich *Lord Denning* stützte in zweiter Instanz seine Ablehnung des neuseeländischen Klagebegehrens auf die Unanwendbarkeit öffentlich-rechtlicher Vorschriften ausländischer Staaten.[462]

Die Entscheidungsserie der britischen Gerichte kann also durchaus dahingehend interpretiert werden, dass zwar die Anwendung öffentlich-rechtlicher Exportbestimmungen verweigert wird, über den Umweg eines gesetzlichen Eigen-

---

455 A. A. *Zschiedrich/Hoffmann*, NJ 1984, S. 86 [87].

456 Eine kurze Zusammenfassung des Sachverhalts findet sich bei *Knott*, Anspruch auf Herausgabe gestohlenen und illegal exportierten Kulturguts, S. 114.

457 Erste Instanz: Q. B. D., *Attorney-General of New Zealand v. Ortiz and Others*, Urt. v. 01.07.1981, WLR 1982 II, S. 10; zweite Instanz: C. A., *Attorney-General of New Zealand v. Oritz and Others*, Urt. v. 21.05.1982, WLR 1982 III, S. 570; dritte Instanz: House of Lords, *Attorney-General of New Zealand v. Ortiz and Others*, Urt. v. 21.04.1983, WLR 1983 II, S. 809.

458 Die entscheidende Passage in Sec. 12 Abs. 2 lautet: „An historic article knowingly exported or attempted to be exported in breach of this Act shall be forfeited to Her Majesty [...]", zit. nach dem Urt. letzter Instanz des House of Lords, a. a. O., S. 809 C-D.

459 Q. B. D., a. a. O., S. 22 D.

460 C. A., a. a. O., S. 579 D.

461 House of Lords, a. a. O., S. 818.

462 C. A., a. a. O., S. 585 E, wörtlich: „if any country should have legislation [...] providing for the automatic forfeiture of them [i. e. works of art, Anm. d. Verf.] to the state should they be exported, then that falls into the category of 'public laws' which will then not be enforced by the courts of the country to which it is exported". Zunächst entschuldigte er sich freilich dafür, Neuseeland als ausländischen Staat zu bezeichnen: „I hope, our New Zealand friends will forgive me calling them a "foreign state."", S. 581 F.

tumserwerbs aber zivilrechtliche Herausgabeansprüche des Ursprungsstaats bestehen können, solange nur eine klare gesetzliche Regelung besteht, dass der Eigentumserwerb bereits kurz *vor* dem Export, noch *auf* seinem Territorium erfolgt.[463]

Eine spätere Entscheidung deutet sogar darauf hin, dass auch öffentlichrechtliche Bestimmungen ausländischer Staaten zum Kulturgüterschutz unter Umständen Beachtung vor britischen Gerichten finden können. In dem Fall *Kingdom of Spain v. Christie, Manson & Woods Ltd.*[464] ging es um ein Goya-Gemälde, das unter Verletzung spanischer Exportgesetze nach England gelangt war und dort versteigert werden sollte. Das Gericht wies den Antrag der Beklagten, die Klage als missbräuchlich abzuweisen, zurück, da die Verletzung spanischer Exportgesetze möglicherweise ein *equitable right* auf Rückforderung des Gemäldes nach sich ziehe.[465] Das Goya-Gemälde wurde schließlich auf außergerichtlichem Wege an Spanien zurückgegeben.[466]

cc) Entscheidung des IGH zum Preah-Vihear-Tempel

Im vom IGH entschiedenen Fall des Tempels von Preah Vihear[467] ging es vorrangig nicht um die Frage der Restitution von Kulturgütern, sondern um die Gebietszugehörigkeit des Tempels. Der IGH entschied, dass das Gebiet, das zuvor von Thailand besetzt war, Kambodscha gehöre. Nur in einer kurzen Bemerkung am Schluss des Urteils stellte das Gericht fest, dass Thailand aus dem Tempel entfernte Kulturgüter an Kambodscha zurückgeben müsse.[468] Auch diese Entscheidung kann aber nicht als Anerkennung eines Rückführungsanspruches für illegal exportierte Kulturgüter gewertet werden. Der vom IGH ausgeurteilte Rückgabeanspruch ist nämlich dogmatisch als deliktischer Anspruch zu verorten, weil die Verschleppung von Kulturgütern aus besetztem Gebiet eine Völkerrechtsverletzung darstellt. Die Rückgabepflicht ist dann, wie ausführlich im Dritten Abschnitt dieser Ausarbeitung dargelegt wurde, Rechtsfolge der Staatenverantwortlichkeit.

---

463 So *Jaeger*, Kulturgüterschutz, S. 83; ähnlich *Knott*, Anspruch auf Herausgabe gestohlenen und illegal exportierten Kulturguts, S. 118 f.; dagegen spricht allerdings das Votum von *Lord Denning* in zweiter Instanz, vgl. Text in Fn. 462.

464 Ch. D., *Kingdom of Spain v. Manson & Woods Ltd.*, Beschl. v. 21.03.1986, WLR 1986 I, S. 1120.

465 Ch. D., a. a. O., S. 1132.

466 *Jayme*, in: *Reichelt*, Internationaler Kulturgüterschutz, S. 7 [15].

467 ICJ, *Temple of Preah Vihear II* (Kambodscha v. Thailand), ICJ-Rep. 1962, S. 6.

468 ICJ, a. a. O., S. 36.

dd) Schlussfolgerungen

Eine völkerrechtliche Pflicht, illegal exportiertes Kulturgut an den Staat, dessen Exportbestimmungen verletzt wurden, herauszugeben, lässt sich nicht nachweisen. Fast alle einschlägigen Entscheidungen, die zum Teil in der Literatur als Indizien für einen derartigen Anspruch gewertet werden, beruhen allein auf der Anwendung des internationalen Privatrechts und einschlägiger zivilrechtlicher Normen.[469] Sie sagen daher nichts über einen Rückführungsanspruch wegen der Verletzung von Exportbestimmungen aus. Nur in einem einzigen Fall, *Kingdom of Spain v. Christie, Manson & Woods Ltd.*, lässt sich andeutungsweise aus dem Urteilstext entnehmen, dass ein Rückforderungsanspruch *allein* auf der Tatsache der rechtswidrigen Ausfuhr eines Kulturguts fußen könnte.

Somit besteht keine völkergewohnheitsrechtliche Pflicht von Staaten, illegal exportierte Güter zurück zu gewähren. Den Staaten verbleibt aber die Möglichkeit, Kulturgüter privatrechtlich zu schützen, da ein staatliches Schatzregal auf breite Akzeptanz stößt.

Deutschland geht über das geltende Gewohnheitsrecht hinaus, indem es mit § 6 Abs. 2 KultGüRückG ausländischen Staaten im nationalen Recht einen Anspruch auf Herausgabe illegal exportierten Kulturguts verschafft. Bisherige Rückgabegesuchen sind allerdings an den engen Anspruchsvoraussetzungen gescheitert.[470]

469 Ebenso *Streinz*, Schutz von Museumsgut, S. 114.

470 Bisher wurden drei Urteile veröffentlicht: Im Fall BayVGH, KuR 2010, S. 125, wurde eine einstweilige Anordnung auf Anhaltung von 369 guatemaltekischen Fundstücken abgelehnt, weil die guatemaltekischen Behörden sie nicht binnen Jahresfrist zu besonders bedeutsamen Kulturgütern erklärt hatten. Im Fall VG Berlin, KuR 2011, S. 155, wurde nach ausführlicher Erörterung sonstiger Zweifel der Anspruch als jedenfalls verjährt angesehen. Sehr strenge Anforderungen stellt auch das VG Osnabrück, Urt. v. 17.05.2011 (Az.: 1 A 187/10) – juris – , indem verlangt wird, dass der zurückgeforderte Gegenstand vor der illegalen Ausfuhr oder binnen Jahresfrist nach Möglichkeit der Kenntniserlangung von seiner Existenz konkret und individuell öffentlich zum nationalen Kulturgut erklärt wird (Rn. 34). Die Jahresfrist, innerhalb derer auch nach illegaler Ausfuhr das Kulturgut noch als solches „nachgemeldet“ werden kann, beginnt bereits dann zu laufen, wenn der Gegenstand in einem internationalen Katalog erwähnt wird (Rn. 35). Diese Anforderungen dürften Rückforderungen in der Tat erheblich erschweren. In dem vom VG Osnabrück entschiedenen Fall ging es um antike Münzen. Gerade bei solchen kleineren Gegenständen, die leicht zu handeln sind und allenfalls Interesse beim Fachpublikum finden, dürfte es häufig daran scheitern, dass diese Gegenstand jedenfalls nicht rechtzeitig konkret und individuell (!) zum Kulturgut erklärt wurden.

d) Beurteilungsspielraum nationaler Gerichte?

Von der Nichtexistenz völkergewohnheitsrechtlicher Regeln unberührt bleiben die erwähnten völkervertraglichen Pflichten zur Rückgabe von aus Museen und öffentlichen Einrichtungen gestohlenen Kulturgütern gemäß Art. 7 lit. b) ii) UNESCO-KHandelK respektive illegal exportierten Kulturgüten gemäß Art. 5 Abs. 1 UNIDROIT-KHandelK für die jeweiligen Vertragsstaaten. Problematisch ist in diesem Zusammenhang die Frage, ob die erwähnten Vorschriften nationalen Behörden, insbesondere Gerichten, einen gewissen Beurteilungsspielraum einräumen. Darauf deutet nämlich Art. 5 Abs. 1 UNIDROIT-KHandelK hin, wonach ein Staat seinen Anspruch auf Herausgabe des illegal exportierten Kulturguts vor den *nationalen* Gerichten des Belegenheitsortes geltend machen kann.

Bisher ist dieser Vorschrift wenig Aufmerksamkeit zuteil geworden, obschon sie einen klaren „Stilbruch“ des Völkerrechts beinhaltet. Grundsätzlich gilt nämlich *par inter pares non habet iudicium*; Staaten sind nach traditionellem Verständnis also nicht befugt, übereinander zu Gericht zu sitzen.

Deshalb wird man einen Beurteilungsspielraum nationaler Gerichte verneinen müssen. Aus der Sicht des völkerrechtlichen Haftungsrechts ist ein nationales Gericht ein Staatsorgan, dessen Völkerrechtsverstöße dem Staat zurechenbar sind und Haftungsansprüche auslösen können.[471] Der Staat kann sich dagegen auch nicht auf die Unabhängigkeit seiner Gerichte berufen.[472] Folglich ist ein Staat haftbar, wenn seine Gerichte den Inhalt der völkerrechtlichen Rückforderungspflichten verkennen.

2. Völkerrechtliche Pflichten zur Vereinheitlichung des Privatrechts

Gemäß Art. 13 lit. a) UNESCO-KHandelK verpflichten sich die Vertragsstaaten, Übereignungen zu unterbinden, die eine rechtswidrige Ein- oder Ausfuhr von Kulturgütern begünstigen könnten. Außerdem sollen gemäß Art. 13 lit. c) UNESCO-KHandelK Verfahren zur Verfügung gestellt werden, mit denen der rechtmäßige Eigentümer von gestohlenem Kulturgut dieses zurückerlangen kann. Dies wirft die Frage auf, ob die Staaten verpflichtet sind, ihr Privatrecht so zu gestalten, dass illegaler Kunsthandel möglichst unterbunden wird.

Begünstigt wird illegaler Kulturgüterhandel durch die Möglichkeit des gutgläubigen Erwerbs. Nur wenn der gutgläubige Erwerb ausgeschlossen wäre, würden Käufer grundsätzlich dazu angehalten, die Rechtmäßigkeit der Herkunft ihrer Kaufsachen zu überprüfen.

---

471 Art. 4 Abs. 1 ILC-Entwurf Staatenverantwortlichkeit.

472 *Gornig*, Eigentum und Enteignung, S. 53.

Die Staatenpraxis zeigt, dass viele Rechtsordnungen den gutgläubigen Erwerb bereits weitgehend eingeschränkt haben. Im angloamerikanischen Rechtskreis gilt bis auf wenige Ausnahmen die den gutgläubigen Erwerb ausschließende *Nemo-Dat*-Regel.[473] In Ländern mit gutgläubigem Erwerb ist dieser oftmals für gestohlene Sachen ausgeschlossen, z. B. durch § 935 Abs. 1 BGB in Deutschland, durch Art. 2276 Abs. 2 C. civ. in Frankreich oder durch Art. 934 Abs. 1 ZGB in der Schweiz. Ein Beispiel für eine äußerst liberale Handhabung ist Italien, wo Art. 1153 c. c. keine Ausnahme vom gutgläubigen Erwerb vorsieht. Selbst in Italien sind aber Kulturgüter geschützt, denn diese sind gemäß Art. 822 Abs. 2 c. c. Teil der „*demanio pubblico*", sodass Privatpersonen nur unter bestimmten Voraussetzungen Rechte an ihnen geltend machen können.[474] Italien hat also das Konzept einer *res extra commercium* umgesetzt.

Trotzdem sind diese Beispiele nicht Ausdruck einer ausreichenden Staatenpraxis, um den gutgläubigen Erwerb gestohlener Kulturgüter zu verbieten. Denn fast alle Rechtsordnungen ermöglichen einem gutgläubigen Erwerber, unter gewissen Voraussetzungen gestohlenes Kulturgut behalten zu dürfen. Amerikanische Gerichte haben beispielsweise auf verschlepptes Kulturgut aus dem Zweiten Weltkrieg das *estoppel*-Prinzip angewendet.[475] In Deutschland besteht die Möglichkeit, Kulturgüter gemäß § 937 Abs. 1 BGB nach zehn Jahren gutgläubig zu ersitzen. In Frankreich ist der gutgläubige Eigentumserwerb gemäß Art. 2276 Abs. 2 C. civ. nur in den ersten drei Jahren nach Besitzerwerb gesperrt. Eine einheitliche Staatenpraxis liegt also nicht vor. Art. 13 UNESCO-KHandelK ist zu vage formuliert, als dass sich daraus klare Gesetzgebungspflichten entnehmen ließen. *Hönes* meint zwar, Art. 13 lit. d) UNESCO-KHandelK verpflichte die Vertragsstaaten dazu, es zu respektieren, dass Kulturgüter zur *res extra commercium* erklärt würden.[476] Bisher hat im kontinentaleuropäischen Raum aber nur Italien Kulturgüter von den Regeln des Zivilrechts ausgenommen. Es ist nicht ersichtlich, dass die anderen Vertragsstaaten verpflichtet wären, diesen Status für Kulturgüter anzuerkennen, sobald sich diese auf ihrem Hoheitsgebiet befinden. Denn nach der *lex-rei-sitae*-Regel ist das Recht des Staates anzuwenden, auf dessen Gebiet sich eine Sache befindet.[477] Folgt man *Hönes*, so wäre z. B. Deutschland verpflichtet, für in Deutschland befindliche, aber von Italien zur *res extra commercium* erklärte Kulturgüter die sachenrechtlichen Regeln des

473 *Schmeinck*, Internationalprivatrechtliche Aspekte des Kulturgüterschutzes, S. 133.

474 Art. 823 Abs. 1 c. c.

475 Z. B. U.-S. C. A., 2nd. Circ., *Deweerth v. Baldinger*, Urt. v. 30.12.1987, F.2d 836, S. 103 [110 f.].

476 *Hönes*, BayVBl. 2006, S. 165 [171].

477 *Brödermann/Rosengarten*, IPR, Rn. 456.

BGB nicht anzuwenden.[478] Eine solche Verpflichtung, ausländisches öffentliches Recht anzuwenden, geht viel zu weit und lässt sich weder der UNESCO-KHandelK noch dem geltenden Völkergewohnheitsrecht entnehmen.

Freilich gilt für die Vertragsstaaten der UNIDROIT-KHandelK etwas anderes, denn diese sieht, wie bereits erwähnt, einen zeitlich begrenzten Anspruch auf Rückgabe von gestohlenen Kulturgütern vor, der auch gegenüber dem gutgläubigen Erwerber besteht.[479] Letzterer hat allerdings im Gegenzug einen Entschädigungsanspruch.[480]

3. Zwischenergebnis zum Normverstoß

Das aktuelle Völkerrecht verpflichtet die Vertragsstaaten der UNESCO-KHandelK dazu, aus Museen oder öffentlichen Einrichtung gestohlene Kulturgüter an ihre Herkunftsländer zurückzugeben, unabhängig von den Eigentumsverhältnissen. Die Vertragsstaaten der UNIDROIT-KHandelK sind zudem zur Herausgabe illegal exportierter Kulturgüter verpflichtet.

Diese Pflichten sind nicht Teil des Völkergewohnheitsrechts. Das Völkergewohnheitsrecht sieht auch keine darüber hinausgehenden Pflichten im Zusammenhang mit illegalem Kulturgüterhandel vor.

IV. Rechtsfolge

Für die Verletzung der oben genannten Pflichten haftet der Staat im Rahmen der allgemeinen Grundsätze der Staatenverantwortlichkeit. Es ist Naturalrestitution zu leisten. Hat die Pflichtverletzung zur Folge, dass der betroffene Gegenstand verloren geht, so kann der Haftungsanspruch die Pflicht umfassen, Maßnahmen zu seinem Wiederauffinden zu finanzieren. Ein endgültiger Verlust kann ggf. dazu verpflichten, eine angemessene Entschädigung in Geld als Genugtuung zu zahlen.

---

478 Eine mit dem BGB unvereinbare Forderung, vgl. *Armbrüster*, NJW 2001, S. 3581 [3584].

479 *Thorn*, Kulturgüterschutz nach der UNIDROIT-Konvention, S. 119 f.

480 Art. 4 Abs. 1 UNIDROIT-KHandelK.

Fünfter Abschnitt: Zusammenfassung der wesentlichen Ergebnisse

Die Ergebnisse der vorliegenden Untersuchung sollen abschließend in Form von Thesen zusammengefasst werden:

1. Kulturgüter sind körperliche, bewegliche oder unbewegliche Gegenstände, denen aufgrund eines empirisch feststellbaren Interesses an ihnen in der allgemeinen oder fachspezifischen Öffentlichkeit eine besondere historische, künstlerische oder wissenschaftliche Bedeutung zukommt.

2. Staaten haften unter den folgenden Voraussetzungen für die Verletzung der Bestimmungen des Kulturgüterschutzes:

a) Der Anspruchsinhaber muss selbst ein Völkerrechtssubjekt sein. In Betracht kommen also vor allem Staaten, aber auch Völker. Privatpersonen haben keine eigenen Ansprüche. Für die Verletzung von Kulturgütern in Privateigentum kann aber der Staat, dessen Staatsangehörigkeit die Privateigentümer innehaben, im Wege des diplomatischen Schutzes Haftungsansprüche geltend machen.

b) Richtiger Anspruchsinhaber ist zunächst der Staat, dessen Eigentum verletzt wurde, zudem der, dessen Staatsangehörige betroffen sind. Anspruchsinhaber kann auch derjenige Staat sein, der in einem besonderen Rechtsverhältnis zu dem betroffenen Kulturgut steht, weil dieses von besonderer Wichtigkeit für seine nationale Identität ist.

c) In Ausnahmefällen sind Drittstaaten berechtigt, Ansprüche geltend zu machen. Das gilt insbesondere dann, wenn ein Staat nicht willens oder nicht in der Lage ist, sein Kulturgut zu schützen, oder wenn er dieses gar selbst schädigt. Anspruchsberechtigt sind dann alle Staaten, die betroffen sind, weil das Kulturgut auch für sie eine besondere Wichtigkeit aufweist. Herausragende Kulturgüter haben eine Bedeutung für alle Staaten, sodass deren Schutz eine Verpflichtung *erga omnes* ist und von allen Staaten eingefordert werden kann.

d) Der Anspruchsgegner muss ein voll handlungsfähiges Völkerrechtssubjekt sein. Es handelt sich um den Staat, der das Völkerrecht verletzt.

e) Es muss ein Verhalten vorliegen, das dem Staat zurechenbar ist. Staaten haften für das Verhalten ihrer Organe.

f) Es müssen Bestimmungen des Kulturgüterschutzes verletzt sein.

aa) Im Krieg verbieten die einschlägigen völkerrechtlichen Konventionen und das Völkergewohnheitsrecht Angriffe auf unbewegliches Kulturgut, sofern diese nicht militärisch unumgänglich sind. Verboten ist auch, Kulturgüter zu militärischen Zwecken zu gebrauchen. Strikt untersagt ist jede Art der Beschlagnahme oder Verschleppung von Kulturgütern außer Landes.

bb) Auch im Frieden stellt die vorsätzliche Zerstörung oder Beschädigung von Kulturgütern eine Verletzung des Völkerrechts dar.

cc) Die Vertragsstaaten der UNESCO-KHandelK sind zur Rückgabe von aus Museen oder öffentlichen Einrichtungen gestohlenen Kulturgütern unabhängig von der Eigentumslage verpflichtet. Die Vertragsstaaten der UNIDROIT-KHandelK sind zur Rückgabe illegal exportierter Kulturgüter verpflichtet.

g) Der Verstoß gegen eine Norm des Kulturgüterschutzes indiziert seine Rechtswidrigkeit. Nur in Ausnahmefällen kommt eine Rechtfertigung nach allgemeinen Grundsätzen in Betracht, beispielsweise bei der Geschäftsführung ohne Auftrag, wenn diese dem Schutz von Kulturgut dient.

h) Rechtsfolge des Haftungsanspruchs ist in erster Linie die Naturalrestitution.

aa) Im Falle der Zerstörung oder Beschädigung von Kulturgut ist der ursprüngliche Zustand so weit wie möglich wieder herzustellen. Der Anspruchsgegner hat die Kosten von Restaurierung oder Sicherung verbleibender Reste zu tragen.

bb) Illegal verschlepptes Kulturgut ist zurückzugeben.

cc) Gehen Kulturgüter verloren, kommt eine kompensatorische Restitution nicht in Betracht. Stattdessen ist eine angemessene Genugtuung in Form von Schadensersatz in Geld zu leisten.

i) Der Haftungsanspruch unterliegt der Verjährung und dem *estoppel*-Prinzip. Durch einfachen Protest wird die Verjährung unterbrochen.

3. Der dargelegte Haftungsanspruch hat folgende Konsequenzen:

a) Es bedarf keines Nachweises eines völkergewohnheitsrechtlichen Satzes, dass im Krieg verschleppte Kulturgüter zu restituieren sind. Ein derartiger Anspruch ergibt sich nämlich bereits, indem die unbestrittenen Grundsätze der Staatenverantwortlichkeit auf den Kulturgüterschutz angewendet werden.

b) Deutschland ist für die Verschleppung von Kulturgütern aus den im Zweiten Weltkrieg besetzten Gebieten völkerrechtlich verantwortlich und hat diese zurückzuerstatten. Für zerstörtes Kulturgut ist Schadensersatz zu leisten. Soweit sich der deutsche Kulturgüterraub gegen Juden richtete, sind der Staat Israel und die JRSO sowie deren Unterorganisationen zur Geltendmachung von Ansprüchen berechtigt.

c) Russland ist für die Verschleppung deutscher Kulturgüter während der Besatzung Deutschlands haftbar und hat diese an Deutschland herauszugeben. Für beschädigte oder verlorene Kulturgüter ist Schadensersatz zu leisten.

d) Afghanistan ist für die Sprengung der Bamiyan-Statuen haftbar und hat die verbleibenden Reste zu sichern.

e) Deutschland haftet für die Zerstörung der Kulturlandschaft Dresdner Elbtal und ist zum Abriss der Waldschlößchenbrücke verpflichtet.

4. Die dargelegten Ergebnisse zeigen, dass die konsequente Anwendung der Grundsätze der völkerrechtlichen Haftung auf den Kulturgüterschutz materiellrechtlich Kulturgüter umfassend schützen. Leider fehlt es allenthalben an befriedigenden prozessualen Durchsetzungsmöglichkeiten.

Rechtsprechungsverzeichnis

1. Internationale Gerichte

a) Ständiger Internationaler Gerichtshof

The Mavrommatis Palestine Concessions (Griechenland v. Vereinigtes Königreich), Urt. v. 30.08.1924, PCIJ Series A No. 2

Chorzów I (Deutschland v. Polen), Urt. v. 26.07.1927, PCIJ Series A No. 9

Chorzów III (Deutschland v. Polen), Urt. v. 13.09.1928, PCIJ Series A No. 17

b) Internationaler Gerichtshof

Corfu Channel II (Vereinigtes Königreich v. Albanien), Urt. v. 09.04.1949, ICJ-Rep. 1949, S. 4 ff.

Reparations for Injuries Suffered in the Service of the United Nations, Rechtsgutachten v. 11.04.1949, ICJ-Rep. 1949, S. 174 ff.

Nottebohm II (Liechtenstein v. Guatemala), Urt. v. 06.04.1955, ICJ-Rep. 1955, S. 3 ff.

Temple of Preah Vihear II (Kambodscha v. Thailand), Urt. v. 15.06.1962, ICJ-Rep. 1962, S. 6 ff.

Certain Expenses of the United Nations, Rechtsgutachten v. 20.07.1962, ICJ-Rep. 1962, S. 151 ff.

Barcelona Traction, Light and Power Company, Ltd. (Belgien v. Spanien), Urt. v. 05.02.1970, ICJ-Rep. 1970, S. 3 ff.

Western Sahara, Rechtsgutachten v. 16.10.1975, ICJ-Rep. 1975, S. 12 ff.

U. S. Diplomatic and Consular Staff in Tehran (U. S. A. v. Iran), Urt. v. 24.05.1980, ICJ-Rep. 1980, S. 3 ff.

Gabčíkovo-Nagymaros Project (Ungarn v. Slowakei), Urt. v. 25.09.1997, ICJ-Rep. 1997, S. 7 ff.

Fisheries Jurisdiction Case (Spanien v. Kanada), Urt. v. 04.12.1998, ICJ-Rep. 1998, S. 432 ff.

LaGrande (Deutschland v. U. S. A.), Urt. v. 27.06.2001, ICJ-Rep. 2001, S. 466 ff.

Legal Consequences of the Construction of a Wall in the Occupied Palestinian Territory, Rechtsgutachten v. 09.07.2004, ICJ-Rep. 2004, S. 136 ff.

Jurisdictional Immunities of the State (Deutschland v. Italien), Urt. v. 03.02.2012, abrufbar unter http://www.icj-cij.org/docket/files/143/16884.pdf (Abruf: 01.03.2013)

c) Schiedskommissionen

Gemischte französisch-mexikanische Schiedskommission, George Pinson (France) v. United Mexican States, Schiedsspruch v. 19.10.1028 (Nr. 1), RIAA 5, S. 327 ff.

Gemischte französisch-mexikanische Schiedskommission, Estate of Jean-Baptiste Caire (France) v. United Mexican States, Schiedsspruch v. 07.06.1929 (Nr. 33), RIAA 5, S. 516 ff.

2. Europäische Gerichte

EGMR, Behrami und Saramti v. Frankreich et al., Urt. v. 02.05.2007 (Az.: 71412/01, 78166/01), EuGRZ 2007, S. 522 ff.

3. Nationale Gerichte

a) Australische Gerichte

H. C. of Australia, The Commonwealth of Australia and Another v. The State of Tasmania and Another, Urt. v. 01.07.1983, CLR 158 (1983), S. 1 ff.

H. C. of Australia, Richardson v. The Forestry Commission and Another, Urt. v. 10.03.1988, CLR 164 (1988), S. 261 ff.

H. C. of Australia, The State of Queensland and Another v. The Commonwealth of Australia and Another, CLR 167 (1989), S. 232 ff.

b) Britische Gerichte

House of Lords, Attorney-General of New Zealand v. Ortiz and Others, Urt. v. 21.04.1983, WLR II, S. 809 ff.

C. A., Attorney-General of New Zealand v. Ortiz and Others, Urt. v. 21.05.1982, WLR III, S. 570 ff.

Q. B. D., Attorney-General of New Zealand v. Ortiz and Others, Urt. v. 01.07.1981, WLR 1982 II, S. 10 ff.

Ch. D., Kingdom of Spain v. Christie, Manson & Woods Ltd. and Another, Beschl. v. 21.03.1986, WLR 1986 I, S. 1120 ff.

Court of Vice-Admiralty, The Marquis de Somerueles, Mr. Black v. The State, Urt. v. 21.04.1813, abgedruckt bei Hollander, Law of Art, S. 250 ff.

c) Deutsche Gerichte

BVerfG, Urt. v. 26.02.1954 (Az.: 1 BvR 371/52), BVerfGE 3, 288 ff.

BVerfG, Beschl. v. 13.05.1996 (Az.: 2 BvL 33/93), BVerfGE 94, 315 ff.

BVerfG, Nichtannahme-Beschl. v. 28.06.2004 (Az.: 2 BvR 1379/01), NJW 2004, S. 3257 f.

BVerfG, Nichtannahme-Beschl. v. 29.05.2007 (Az.: 2 BvR 695/07), BVerfGK 11, 241 ff.

RG, Urt. v. 05.11.1898 (Az.: Rep. I 283/98), RGZ 42, 295 ff.

BGH, Urt. v. 22.06.1972 (Az.: II ZR 113/70), BGHZ 59, 82 ff.

BGH, Urt. v. 09.04.1984 (Az.: II ZR 234/83), NJW 1984, S. 2569 f.

BGH, Urt. v. 26.06.2003 (Az.: III ZR 245/98), BGHZ 155, 279 ff.

BGH, Urt. v. 02.11.2006 (Az.: III ZR 190/05), BGHZ 169, 348 ff.

BGH, Urt. v. 16.03.2012 (Az.: V ZR 279/10), NJW 2012, S. 1796 ff.

OLG Schleswig, Beschl. v. 10.02.1989 (Az.: 1 Ausl. 2/89), NJW 1989, S. 3105 f.

BayVGH, Beschl. v. 13.04.2010 (Az.: 7 CE 10.258), KuR 2010, S. 125 ff.

VG Berlin, Urt. v. 09.12.2010 (Az.: 1 A 199.08), KuR 2011, S. 155 ff.

VG Osnabrück, Urt. v. 17.05.2011 (Az.: 1 A 187/10), - juris -

d) Griechische Gerichte

Gericht erster Instanz von Leivadia, Präfektur von Viotia v. Deutschland, Urt. v. 30.10.1997 (Az.: 137/1997), zit. nach AJIL 92 (1998), S. 765 ff.

e) Italienische Gerichte

Corte Suprema di Cassazione, Ferrini v. Repubblica Federale di Germania, Urt. v. 11.03.2004 (Az.: 5044), RDI 87 (2004), S. 540 ff.

f) Japanische Gerichte

Bezirksgericht von Tokio, Ryuichi Shimoda et al. v. Japan, Urt. v. 07.12.1963, ILR 32, S. 626 ff.

g) Russische Gerichte

Конституционный Суд Российской Федерации (Verfassungsgericht der Russischen Föderation), Beschl. v. 20.07.1999, zit. nach dt. Übersetzung in EuGRZ 1999, S. 589 ff.

h) U.-S.-amerikanische Gerichte

U.-S. C. A., 2nd Circ., Kunstsammlung zu Weimar v. Elicofon, Urt. v. 05.05.1982, F.2d 678, S. 1150 ff.

U.-S. C. A., 2nd Circ., Deweerth v. Baldinger, Urt. v. 30.12.1987, F.2d 836, S. 103 ff.

U.-S. D. C., Central District, California, Handel and Others v. Artukovic, Urt. v. 31.01.1985, ILR 79, S. 396 ff.

Literaturverzeichnis

Anton, Michael, Rechtshandbuch Kulturgüterschutz und Kunstrestitutionsrecht, Bd. 1, Illegaler Kulturgüterverkehr, Berlin/New York 2010 (zit.: *Anton*, Illegaler Kulturgüterverkehr, Rn. [römisch nach Teil und arabisch nach Nummer])

Armbrüster, Christian, Privatrechtliche Ansprüche auf Rückführung von Kulturgütern ins Ausland, NJW 2001, S. 3581 ff.

Arnauld, Andreas von, Völkerrecht, Heidelberg usw. 2012 (zit.: *v. Arnauld*, Völkerrecht, Rn.)

Baufeld, Stefan, Beutekunst – Versuch einer neuen juristischen Deutung, Osteuropa 51 (2005), S. 207 ff.

Bianchi, Andrea, Anm. zu Corte di Cassazione, Ferrini v. Repubblica federale di Germania, Urt. v. 11.03.2004 (Az.: 5044), AJIL 99 (2005), S. 242 ff.

Blumenwitz, Dieter, Rechtliche Schwierigkeiten bei der Rückgabe rechtswidrig nach Deutschland verbrachter Kunstschätze an die Herkunftsstaaten und künftige Lösungsansätze, in: Festschrift für Georg Ress, 2005, S. 3 ff. (zit.: *Blumenwitz*, in: FS Ress, S.)

Bluntschli, Johann, Das moderne Kriegsrecht der civilisierten Staaten als Rechtsbuch dargestellt, Nördlingen 1866 (zit.: *Bluntschli*, Kriegsrecht, §)

Bluntschli, Johann, Das moderne Völkerrecht der civilisierten Staaten als Rechtsbuch dargestellt, 2. Aufl., Nördlingen 1872 (zit.: *Bluntschli*, Völkerrecht, §)

Bogdanos, Matthew, Thieves of Bagdad: The Search for Iraq's Stolen Heritage, in: *Nafziger*, James / *Nicgorski*, Ann (Hrsg.), Cultural Heritage Issues: The Legacy of Conquest, Colonization, and Commerce, Leiden 2009, S. 223 ff. (zit.: *Bogdanos*, in: *Nafziger/Nicgorski*, Cultural Heritage Issues, S.)

Bogdany, Armin von / *Zacharias*, Diana, Zum Status der Weltkulturerbekonvention im deutschen Rechtsraum, Ein Beitrag zum internationalen Verwaltungsrecht, NVwZ 2005, S. 527 ff.

Bothe, Michael / *Schmidt*, Christian, Sur quelques questions de succession posées par la dissolution de l'URSS et celle de la Yougoslavie, RGDIP 96 (1992), S. 811 ff.

Brenner, Corrine, Cultural Property Law: Reflecting on the Bamiyan Buddha's Destruction, Suffolk TNLR 29, S. 237 ff.

Breucker, Jean de, Pour les vingt ans de la Convention de la Haye du 14 mai 1954 pour la protection des biens culturels, RBDI 11 (1975), S. 525 ff.

Brödermann, Eckart / *Rosengarten*, Joachim, Internationales Privat- und Zivilverfahrensrecht (IPR/IZVR), Anleitung zur systematischen Fallbearbeitung, 6. Aufl. München 2012 (zit.: *Brödermann/Rosengarten*, IPR, Rn.)

Brotóns, Antonio et al., Derecho internacional, Valencia 2007 (zit.: *Brotóns*, Derecho internacional, §)

Brownlie, Ian, Principles of Public International Law, 7. Aufl., Oxford 2008 (zit.: *Brownlie*, Principles of Public International Law, S.)

Buguslavsky, Mark, Der Begriff des Kulturguts und seine rechtliche Relevanz, in: *Dolzer*, Rudolf / *Jayme*, Erik / *Mußgnug*, Reinhard (Hrsg.), Rechtsfragen des internationalen Kulturgüterschutzes, Symposium vom 22./23. Juni 1990 im Internationalen Wissenschaftsforum von Heidelberg, Heidelberg 1994, S. 3 ff. (zit.: *Buguslavsky*, in: *Dolzer/Jayme/Mußgnug*, Rechtsfragen des Kulturgüterschutzes, S.)

Buhse, Karl-Heinrich, Der Schutz von Kulturgut im Krieg unter besonderer Berücksichtigung der Konvention zum Schutz des Kulturguts im Falle eines bewaffneten Konflikts vom 14. Mai 1954, Hamburg 1959 (zit.: *Buhse*, Schutz von Kulturgut im Krieg, S.)

Carducci, Guido, La restitution internationale des biens culturels et des objets d'art, Droit commun, Directive CEE, Conventions de l'Unesco et d'Unidroit, Paris 1997 (zit.: *Carducci*, Restitution internationale des biens culturels, S.)

Carducchi, Guido, L'obligation de restitution des biens culturels et des objets d'art en cas de conflit armé : droit coutumier et droit conventionnel avant et après la convention de La Haye de 1954, RGDIP 104 (2000), S. 289 ff.

Cassese, Antonio, International Law, 2. Aufl., New York 2005 (zit. *Cassese*, International Law, S.)

Coulée, Frédérique, Quelques remarques sur la restitution interétatique des biens culturels sous l'angle du droit international public, RGDIP 104 (2000), S. 359 ff.

Crawford, James, The International Law Commission's Articles on State Responsibility, Introduction, Text and Commentaries, Cambridge 2002 (zit.: *Crawford*, Commentary ILC-Entwurf Staatenverantwortlichkeit, Art. §)

Crawford, James, The ILC's Articles on Diplomatic Protection, SAYIL 31 (2006), S. 19 ff.

Crawford, James, Brownlie's Principles of Public International Law, 8. Aufl., Oxford 2012 (zit.: *Crawford*, Brownlie's Principles of Public International Law, S.)

Dahm, Georg / *Delbrück*, Jost / *Wolfrum*, Rüdiger, Völkerrecht, Bd. I/3, 2. Aufl., Berlin 2002 (zit.: *Dahm/Delbrück/Wolfrum*, Völkerrecht I/3, S.)

Doehring, Karl, War die Universität Heidelberg verpflichtet, die Bibliotheca Palatina dem Vatikan zurückzugeben?, Ruperto Carola 39 (1987), S. 138 ff.

Doehring, Karl, Handelt es sich bei einem Recht, das durch diplomatischen Schutz eingefordert wird, um ein solches, das dem die Protektion ausübenden Staat zusteht, oder geht es um die Erzwingung von Rechten des betroffenen Individuums?, in: *Ress*, Georg / *Stein*, Torsten (Hrsg.), Der diplomatische Schutz im Völker- und Europarecht, Aktuelle Probleme und Entwicklungstendenzen, Baden-Baden 1996, S. 13 ff. (zit.: *Doehring*, in: *Ress/Stein*, Diplomatischer Schutz, S.)

Dolzer, Rudolf, Die Deklaration des Kulturguts zum „common heritage of mankind", in: *Dolzer*, Rudolf / *Jayme*, Erik / *Mußgnug*, Reinhard (Hrsg.), Rechtsfragen des internationalen Kulturgüterschutzes, Symposium vom 22./23. Juni 1990 im Internationalen Wissenschaftsforum von Heidelberg, Heidelberg 1994, S. 13 ff. (zit.: *Dolzer*, in: *Dolzer/Jayme/Mußgnug*, Rechtsfragen des Kulturgüterschutzes, S.)

Dolzer, Rudolf, Kulturgüter im Friedensvölkerrecht, in: *Dolzer*, Rudolf / *Jayme*, Erik / *Mußgnug*, Reinhard (Hrsg.), Rechtsfragen des internationalen Kulturgüterschutzes, Symposium vom 22./23. Juni 1990 im Internationalen Wissenschaftsforum von Heidelberg, Heidelberg 1994, S. 149 ff. (zit.: *Dolzer*, in: *Dolzer/Jayme/Mußgnug*, Internationaler Kulturgüterschutz, S.)

Dolzer, Rudolf, „Kompensatorische Restitution"?, NJW 2000, S. 560 ff.

Dumburry, Patrick, The Controversial Issue of State Succession to International Responsibility Revisited in Light of Recent State Practice, GYIL 49 (2006), S. 413 ff.

Dupuy, Pierre-Marie / *Kerbrat*, Yann, Droit international public, 11. Aufl., Paris 2012 (zit. *Dupuy/Kerbrat*, Droit international public, Rn.)

Enderlein, Fritz, Ist § 2 Abs. 1 Satz 3 Vermögensgesetz verfassungswidrig? Gedanken zum Goodwill-Fonds der Jewish Claims Conference, in: ZOV 2008, S. 277 ff.

Enderlein, Fritz, Die Jewish Claims Conference vor Gericht?, in: ZOV 2011, S. 202 ff.

Engstler, Ludwig, Die territoriale Bindung von Kulturgütern im Rahmen des Völkerrechts, Köln usw. 1964 (zit.: *Engstler*, Territoriale Bindung von Kulturgütern, S.)

Féaux de la Croix, Ernst, Wiedergutmachung als Aufgabe der deutschen Nachkriegspolitik – Lösungen und ungelöste Probleme, in: Festschrift für Martin Hirsch, 1981, S. 243 ff. (zit.: *Féaux de la Croix*, in: FS Hirsch, S.)

Féaux de la Croix / *Rumpf*, Helmut, Der Werdegang des Entschädigungsrechts unter national- und völkerrechtlichem und politologischem Aspekt, München 1985 (zit.: *Bearbeiter*, in: *Féaux de la Croix/Rumpf*, Werdegang des Entschädigungsrechts, S.)

Fechner, Frank, Prinzipien des Kulturgüterschutzes, Eine Einführung, in: *Fechner*, Frank / *Oppermann*, Thomas / *Prott*, Lyndel (Hrsg.), Prinzipien des Kulturgüterschutzes, Ansätze im deutschen, europäischen und internationalen Recht, Berlin 1996, S. 11 ff. (zit.: *Fechner*, in: *Fechner/Oppermann/Prott*, Prinzipien des Kulturgüterschutzes, S.)

Fechner, Frank, Wohin gehören Kulturgüter? Rechtliche Ansätze eines Ausgleichsmodells, in: Festschrift für Reinhard Mußgnug, 2005, S. 485 ff. (zit.: *Fechner*, in: FS Mußgnug, S.)

Fiedler, Wilfried, Zur Entwicklung des Völkergewohnheitsrechts im Bereich des internationalen Kulturgüterschutzes, in: Festschrift für Karl Doehring, 1989, S. 199 ff. (zit.: *Fiedler*, in: FS Doehring, S.)

Fiedler, Wilfried (Hrsg.), Internationaler Kulturgüterschutz und die deutsche Frage, Völkerrechtliche Probleme der Auslagerung, Zerstreuung und Rückführung deutscher Kulturgüter nach dem Zweiten Weltkrieg, Berlin 1991 (zit.: *Bearbeiter*, in: *Fiedler*, Internationaler Kulturgüterschutz und die deutsche Frage, S.)

Fiedler, Wilfried, Kulturgüter als Kriegsbeute? Rechtliche Probleme der Rückführung deutscher Kulturgüter aus Rußland, Heidelberg 1995 (zit.: *Fiedler*, Kulturgüter als Kriegsbeute, S.)

Fiedler, Wilfried, Vom territorialen zum humanitären Kulturgüterschutz, Zur Entwicklung des Kulturgüterschutzes nach kriegerischen Konflikten, in: *Fechner*, Frank / *Oppermann*, Thomas / *Prott*, Lyndel (Hrsg.), Prinzipien des Kulturgüterschutzes, Ansätze im deutschen, europäischen und internationalen Recht, Berlin 1996, S. 159 ff. (zit.: *Fiedler*, in: *Fechner/Oppermann/Prott*, Prinzipien des Kulturgüterschutzes, S.)

Fischer-Lescano, Andreas, Subjektivierung völkerrechtlicher Sekundärregeln, Die Individualrechte auf Entschädigung und effektiven Rechtsschutz bei Verletzungen des Völkerrechts, AVR 45 (2007), S. 299 ff.

Francioni, Francesco, Au-delà des Traités : l'émergence d'un nouveau droit coutumier pour la protection du patrimoine culturel, in: RGDIP 111 (2007), S. 19 ff.

Francioni, Francesco / *Lenzerini*, Federico, The Destruction of the Buddhas of Bamiyan and International Law, EJIL 14 (2003), S. 619 ff.

Franz, Michael / *Hartmann*, Uwe, Raub- und Beutekunst: nationale und internationale Dimensionen, Die Koordinierungsstelle für Kulturgutverluste, Osteuropa 56 (2006), S. 401 ff.

Freeman, Alwyn, Responsibility of States for Unlawful Acts of their Armed Forces, RdC 88 (1955 II), S. 263 ff.

Freytag, Christiane, „Cultural Heritage“: Rückgabeansprüche von Ursprungsländern auf „ihr“ Kulturgut?, in: *Fechner*, Frank / *Oppermann*, Thomas / *Prott*, Lyndel (Hrsg.), Prinzipien des Kulturgüterschutzes, Ansätze im deutschen, europäischen und internationalen Recht, Berlin 1996, S. 175 ff. (zit.: *Freytag*, in: *Fechner/Oppermann/Prott*, Prinzipien des Kulturgüterschutzes, S.)

Frigo, Manlio, La protezione dei beni culturali nel diritto internazionale, Mailand 1986 (zit.: *Frigo*, Protezione dei beni culturali)

Georgopoulus, Théodore, Avez-vous dit « crime contre la culture » ? La protection internationale des monuments historiques, RHDI 54 (2001), S. 451 ff.

Gianelli, Alessandra, Crimi internazionali ed immunità degli stati dalla giurisdizione nella sentenza Ferrini, Anm. zu Corte di Cassazione, Ferrini v. Repubblica federale di Germania, Urt. v. 11.03.2004, (Az.: 5044), RDI 87 (2004), S. 643 ff.

Giannini, Massimo, I beni culturali, Riv. trim. dir. pubbl. 26 (1976), S. 3 ff.

Giladi, Rotem, The jus ad bellum / jus in bello distinction and the law of occupation, IsLR 41 (2008), S. 246 ff.

Gioia, Andrea, The Development of International Law relating to the Protection of Cultural Property in the Event of Armed Conflict, IYIL 11 (2001), S. 25 ff.

Goldmann, Nahum, Über die Bedeutung der Wiedergutmachung nationalsozialistischen Unrechts, in: Festschrift für Martin Hirsch, 1981, S. 215 ff. (zit.: *Goldmann*, in: FS Hirsch, S.)

Gornig, Gilbert, Das rechtliche Schicksal der Danziger Kulturgüter seit 1939/45 am Beispiel der Naturforschenden Gesellschaft zu Danzig, Ein Rechtsgutachten, Köln 1999 (zit.: *Gornig*, Schicksal Danziger Kulturgüter, S.)

Gornig, Gilbert, Wem gehört der Pergamon-Altar? Völkerrechtliche Diskussion der Forderungen Griechenlands auf Rückgabe von Kulturgütern, in: *Gornig*, Gilbert / *Schiller*, Theo / *Wesemann*, Wolfgang (Hrsg.), Griechenland in Europa, Frankfurt. a. M. 2000, S. 61 ff. (zit.: *Gornig*, in: *Gornig/Schiller/Wesemann*, Griechenland in Europa, S.)

Gornig, Gilbert, Der internationale Kulturgüterschutz, in: *Gornig*, Gilbert / *Horn*, Hans-Detlef / *Murswiek*, Dietrich (Hrsg.), Kulturgüterschutz – internationale und nationale Aspekte, Berlin 2007, S. 17 ff. (zit.: *Gornig*, in: *Gornig/Horn/Murswiek*, Kulturgüterschutz, S.)

Gornig, Gilbert, Eigentum und Enteignung im Völkerrecht unter besonderer Berücksichtigung von Vertreibungen, Wien 2010 (zit.: *Gornig*, Eigentum und Enteignung, S.)

Gornig, Gilbert, Schutz der Kulturgüter vor Umwelteinflüssen und natürlichen Gefahren im nationalen und internationalen Recht, in: Festschrift für Wilfried Fiedler, 2011, S. 389 ff. (zit.: *Gornig*, in: FS Fiedler, S.)

Goy, Raymond, Le retour et la restitution des biens culturels à leur pays d'origine en cas d'appropriation illégale, RGDIP 83 (1979), S. 962 ff.

Goy, Raymond, La destruction intentionnelle du patrimoine culturel en droit international, RGDIP 109 (2005), S. 273 ff.

Greenfield, Jeannette, The Return of Cultural Treasures, Cambridge 1989 (zit.: Greenfield, Return of Cultural Treasures, S.)

Hagelberg, Juliane, Die völkerrechtliche Verfügungsbefugnis des Staates über Rechtsansprüche von Privatpersonen, Baden-Baden 2006 (zit.: *Hagelberg*, Verfügungsbefugnis des Staates über Rechtsansprüche von Privatpersonen, S.)

Halsdorfer, Alice, Der Beitritt Deutschlands zum UNESCO-Kulturgüterübereinkommen und die kollisionsrechtlichen Auswirkungen des neuen KultGüRückG, IPrax 2008, S. 395 ff.

Hartwig, Matthias, Vae victis – Völkerrechtliche Fragwürdigkeiten in der Argumentation des Russischen Verfassungsgerichts zum Beutekunstgesetz, Anm. zu Конституционный Суд Российской Федерации (Verfassungsgericht der Russischen Föderation), Beschl. v. 20.07.1999 (Az.: 12 P), EuGRZ 1999, S. 553 ff.

Henckaerts, Jean-Marie, New rules for the protection of cultural property in armed conflict, RICR 81 (1999), S. 593 ff.

Herdegen, Matthias, Der Kulturgüterschutz im Kriegsvölkerrecht, in: *Dolzer*, Reinhard / *Jayme*, Erik / *Mußgnug*, Reinhard (Hrsg.), Rechtsfragen des internationalen Kulturgüterschutzes, Symposium vom 22./23. Juni 1990 im Internationalen Wissenschaftsforum von Heidelberg, Heidelberg 1994, S. 161 ff. (zit.: *Herdegen*, in: *Dolzer/Jayme/Mußgnug*, Rechtsfragen des Kulturgüterschutzes, S.)

Herdegen, Matthias, Völkerrecht, 11. Aufl., München 2012 (zit.: *Herdegen*, Völkerrecht, § Rn.)

Hladík, Jan, The 1954 Hague Convention for the Protection of Cultural Property in the Event of Armed Conflict and the notions of military necessity, RICR 81 (1999), S. 621 ff.

Hladík, Jan, The Control System under the Hague Convention for the Protection of Cultural Property in the Event of Armed Conflict 1954 and its Second Protocol, YIHL 4 (2001), S. 419 ff.

Hobe, Stephan, Einführung in das Völkerrecht, 9. Aufl., Tübingen/Basel 2008 (zit.: *Hobe*, Völkerrecht, S.)

Hollander, Barnett, The International Law of Art for lawyers, collectors and artists, London 1959 (zit.: Hollander, Law of Art, S.)

Hönes, Ernst-Rainer, Zum Kulturbegriff der Haager Konventionen von 1899 bis heute, in: DÖV 1998, S. 985 ff.

Hönes, Ernst-Rainer, Die UNESCO-Konvention über Maßnahmen zum Verbot und zur Verhütung der rechtswidrigen Einfuhr, Ausfuhr und Übereignung von Kulturgut vom 14. November 1970, BayVBl. 2006, S. 165 ff.

Hönes, Ernst-Rainer, Zur Ratifizierung des Zweiten Protokolls von 1999 zur Haager Konvention zum Schutz von Kulturgut von 1954, DÖV 2008, S. 911 ff.

Hönes, Ernst-Rainer, Denkmal-, Kulturgüter- und Welterbeschutz im Völkerrecht – 100 Jahre Haager Abkommen vom 18.10.1907 – , NZWehrR 2008, S. 45 ff.

Horn, Hans-Detlef, Kulturgüterschutz als Staatsaufgabe – unter besonderer Berücksichtigung deutschen Kulturguts im Ausland, in: *Gornig*, Gilbert / *Horn*, Hans-Detlef / *Murswiek*, Dietrich (Hrsg.), Kulturgüterschutz – internationale und nationale Aspekte, Berlin 2007, S. 121 ff. (zit.: *Horn*, in: *Gornig/Horn/Murswiek*, Kulturgüterschutz, S.)

Hurst, Cecil, State Succession in Matters of Tort, BYIL 5 (1924), S. 163 ff.

Ipsen, Knut, Völkerrecht, 5. Aufl., München 2004 (zit.: *Bearbeiter*, in: *Ipsen*, Völkerrecht, § Rn.)

Irmscher, Tobias, Kulturgüterschutz im humanitären Völkerrecht, in: *Gornig*, Gilbert / *Horn*, Hans-Detlef / *Murswiek*, Dietrich (Hrsg.), Kulturgüterschutz – internationale und nationale Aspekte, Berlin 2007, S. 65 ff. (zit.: *Irmscher*, in: *Gornig/Horn/Murswiek*, Kulturgüterschutz, S.)

Jaeger, Andrea, Internationaler Kulturgüterschutz, Köln usw. 1993 (zit.: *Jaeger*, Internationaler Kulturgüterschutz, S.)

Jayme, Erik, Kunstwerk und Nation: Zuordnungsprobleme im internationalen Kulturgüterschutz, Heidelberg 1991 (zit.: *Jayme*, Kunstwerk und Nation, S.)

Jayme, Erik, Die Nationalität des Kunstwerks als Rechtsfrage, in: *Reichelt*, Gerte (Hrsg.), Internationaler Kulturgüterschutz, Wiener Symposium 18./19. Oktober 1990, Wien 1992 (zit.: *Jayme*, in: *Reichelt*, Internationaler Kulturgüterschutz, S.)

Jenschke, Christoff, Der völkerrechtliche Rückgabeanspruch auf in Kriegszeiten widerrechtlich verbrachte Kulturgüter, Berlin 2005 (zit. *Jenschke*, Rückgabeanspruch Kulturgüter, S.)

Jote, Kifle, International Legal Protection of Cultural Heritage, Stockholm 1994 (zit.: *Jote*, Legal Protection of Cultural Heritage, S.)

Katzenstein, Ernst, Jewish Claims Conference und die Wiedergutmachung nationalsozialistischen Unrechts, in: Festschrift für Martin Hirsch, 1981, S. 219 ff. (zit.: *Katzenstein*, in: FS Hirsch, S.)

Kembayev, Zhenis, Probleme der Rechtsnachfolge von der Sowjetunion auf die Russische Föderation, AVR 46 (2008), S. 106 ff.

Kilian, Michael, Kriegsvölkerrecht und Kulturgut, NZWehrR 1983, S. 41 ff.

Kilian, Michael, Die Brücke über die Elbe: völkerrechtliche Wirkungen des Welterbe-Übereinkommens der UNESCO, LKV 2008, S. 248 ff.

Knott, Hermann, Der Anspruch auf Herausgabe gestohlenen und illegal exportierten Kulturguts, Baden-Baden 1990 (zit.: *Knott*, Anspruch auf Herausgabe gestohlenen und illegal exportierten Kulturguts, S.)

Kokott, Juliane, Zum Spannungsverhältnis zwischen nationality rule und Menschenrechtsschutz bei der Ausübung diplomatischer Protektion, in: *Ress*, Georg / *Stein*, Torsten (Hrsg.), Der diplomatische Schutz im Völker- und Europarecht, Aktuelle Probleme und Entwicklungstendenzen, Baden-Baden 1996, S. 45 ff. (zit.: *Kokott*, in: *Ress/Stein*, Diplomatischer Schutz, S.)

Kossoy, Edwards, Deutsche Wiedergutmachung aus israelischer Sicht, Geschichte, Auswirkung, Gesetzgebung und Rechtsprechung, Diss., Köln 1970 (zit.: *Kossoy*, Wiedergutmachung aus israelischer Sicht, S.)

Kunig, Philip, Das völkerrechtliche Delikt, Jura 1986, S. 344 ff.

Martens, George Frédéric de, Nouveau Recueil de Traités [...] de l'Europe [...] depuis 1806 jusqu'à présent, Bd. II, 1814-1816, Göttingen 1818 (zit.: *de Martens*, Nouveau Recueil de Traités, S.)

Martens, Frédéric de, Völkerrecht. Das internationale Recht der civilisierten Nationen, dt. Ausgabe v. Bergbohm, Carl, Bd. 2, Berlin 1886 (zit.: *de Martens*, Völkerrecht II, §)

Matthiesen, Nora, Wiedergutmachung für Opfer internationaler bewaffneter Konflikte, Die Rechtsposition des Individuums bei Verletzungen des humanitären Völkerrechts, Berlin 2012 (zit. *Matthiesen*, Wiedergutmachung, S.)

Menzel, Eberhard, Völkerrecht, München/Berlin 1962 (zit.: *Menzel*, Völkerrecht, S.)

Menzel, Eberhard (Hrsg.), Die Friedensverträge von 1947 mit Italien, Ungarn, Rumänien und Finnland, Oberursel 1948 (zit.: *Menzel*, Friedensverträge)

Merryman, John, The Public Interest in Cultural Property, in: Cal. LR 77 (1989), S. 339 ff.

Merryman, John, International Art Law: From Cultural Nationalism to a Common Cultural Heritage, NYUJILP 15 (1983), S. 757 ff.

Merryman, John / *Elsen*, Albert, Law, Ethics and the Visual Arts, 4. Aufl., London usw. 2002 (zit.: *Merryman/Elsen*, Law, Ethics and the Visual Arts, S.)

Müller, Markus, Kulturgüterschutz: Mittel nationaler Repräsentation oder Wahrung des Gemeinsamen Erbes der Menschheit?, in: *Fechner*, Frank / *Oppermann*, Thomas / *Prott*, Lyndel (Hrsg.), Prinzipien des Kulturgüterschutzes, Ansätze im deutschen, europäischen und internationalen Recht, Berlin 1996, S. 257 ff. (zit.: Müller, in: *Fechner/Oppermann/Prott*, Kulturgüterschutz, S.)

Müller, Martin, Direkte Demokratie und Völkerrecht, NJ 2007, S. 252 ff.

Münch, Ingo von, Das völkerrechtliche Delikt in der modernen Entwicklung der Völkerrechtsgemeinschaft, Frankfurt a. M. 1963 (zit.: *v. Münch*, Völkerrechtliches Delikt, S.)

Mußgnug, Reinhard, Der kriegsrechtliche Kulturgüterschutz, in: Festschrift für Kurt Jeserich, 1994, S. 333 ff. (zit.: *Mußgnug*, in: FS Jeserich, S.)

Mußgnug, Reinhard, Die Staatsangehörigkeit des Kulturguts, in: Festschrift für Georg Ress, 2005, S. 1531 ff. (zit.: *Mußgnug*, in: FS Ress, S.)

Nahlik, Stanisław, La protection internationale des biens culturels en cas de conflit armé, RdC 120 (1967), S. 61 ff.

Nahlik, Stanisław, L'intérêt de l'humanité à protéger son patrimoine culturel, Annuaire de l'A. A. A. 37/38 (1967/68), S. 156 ff.

Neef, Christian, Besudelung im Namen Allahs, in: DER SPIEGEL v. 05.03.2001 (Heft 10/2001), S. 170

Nevelev, Boris, The Soviet Union's Seizure and Removal of "objets d'art" from Germany in 1945-1949, GYIL 42 (1999), S. 337 ff.

O'Keefe, Roger, World Cultural Heritage: Obligations to the International Community as a whole?, ICLQ 53 (2004), S. 189 ff.

O'Keefe, Roger, The Protection of Cultural Property in Armed Conflict, Cambridge 2006 (zit.: *O'Keefe*, Protection of Cultural Property, S.)

Odendahl, Kerstin, Kulturgüterschutz, Entwicklung, Struktur und Dogmatik eines ebenenübergreifenden Normensystems, Tübingen 2005 (zit.: *Odendahl*, Kulturgüterschutz, S.)

Pabst, Friederike, Kulturgüterschutz in nicht-internationalen bewaffneten Konflikten, Berlin 2008 (zit.: *Pabst*, Kulturgüterschutz in nicht-internationalen bewaffneten Konflikten, S.)

Pfeifle, Florian, UNESCO-Weltkulturerbe, Vom globalen Völkerrecht zur lokalen Infrastrukturplanung, Köln 2010 (zit.: *Pfeifle*, UNESCO-Weltkulturerbe, S.)

Prott, Lyndel, Cultural Rights as People's Rights in International Law, in: *Crawford*, James (Hrsg.), The Rights of Peoples, Oxford 1988, S. 93 ff. (zit.: *Prott*, in: *Crawford*, The Rights of Peoples, S.)

Prott, Lyndel, Commentary on the Unidroit Convention on Stolen and Illegaly Exported Cultural Objects 1995, London 1997 (zit.: *Prott*, Commentary UNIDROIT-KHandelK)

Prott, Lyndel, Kulturgüterschutz nach der UNIDROIT-Konvention und nach der UNESCO-Konvention, ZVglRWiss 95 (2006), S. 188 ff.

Rauer, Günter, Völkerrechtliche Aspekte der Rückführung kriegsbedingt verlagerten Kulturguts nach Polen und Deutschland, in: *Gornig*, Gilbert / *Horn*, Hans-Detlef / *Murswiek*, Dietrich (Hrsg.), Kulturgüterschutz – internationale und nationale Aspekte, Berlin 2007, S. 167 ff. (zit.: *Rauer*, in: *Gornig/Horn/Murswiek*, Kulturgüterschutz, S.)

Reiff, Hans, Wirkt die Anmeldung der IRSO zugunsten des ursprünglichen Berechtigten (Art. 56, 4 REG) ?, in: NJW 1950, S. 255

Röhling, Kerstin, Restitution jüdischer Kulturgüter nach dem Zweiten Weltkrieg, Eine völkerrechtliche Studie, Baden-Baden 2004 (zit.: *Röhling*, Restitution jüdischer Kulturgüter, S.)

Rudolf, Walter, Über den internationalen Schutz von Kulturgütern, in: Festschrift für Karl Doehring, 1989, S. 853 ff. (zit.: *Rudolf*, in: FS Doehring, S.)

Rusu, Ioana, Kulturgüterzugehörigkeit im Falle von Vertreibung und Bevölkerungsaustausch, in: *Gornig*, Gilbert / *Horn*, Hans-Detlef / *Murswiek*, Dietrich (Hrsg.), Kulturgüterschutz – internationale und nationale Aspekte, Berlin 2007, S. 93 ff. (zit.: *Rusu*, in: *Gornig/Horn/Murswiek*, Kulturgüterschutz, S.)

Safferling, Christoph, Internationales Strafrecht, Strafanwendungsrecht, Völkerstrafrecht, Europäisches Strafrecht, Berlin/Heidelberg 2011 (zit.: S*afferling*, Internationales Strafrecht, Rn.)

Sándor-Szalay, Elisabeth, Der Schutz fremder Kulturgüter durch Ungarn, in: *Gornig*, Gilbert / *Horn*, Hans-Detlef / *Murswiek*, Dietrich (Hrsg.), Kulturgüterschutz – internationale und nationale Aspekte, Berlin 2007, S. 225 ff. (zit.: *Sándor-Szalay*, in: *Gornig/Horn/Murswiek*, Kulturgüterschutz, S.)

Schindler, Dietrich / *Toman*, Jiri (Hrsg.), The Laws of Armed Conflicts, A Collection of Conventions, Resolutions and Other Documents, 4. Aufl., Leiden/Boston 2004 (zit.: *Schindler/Toman*, Laws of Armed Conflicts, Nr. S.)

Schlochauer, Hans-Jürgen, Die Entwicklung des völkerrechtlichen Delikts-rechts, AVR 16 (1973/75), S. 239 ff.

Schmeinck, Sabine, Internationalprivatrechtliche Aspekte des Kulturgüterschutzes, Berlin 1994 (zit.: *Schmeinck*, Internationalprivatrechtliche Aspekte des Kulturgüterschutzes, S.)

Schmoller, Gustav von / *Maier*, Hedwig / *Tobler*, Maier, Handbuch des Besatzungsrechts, Tübingen 1951 (zit.: *v. Schmoller/Maier/Tobler*, Handbuch des Besatzungsrechts)

Schoen, Susanne, Der rechtliche Status von Beutekunst, Berlin 2004 (zit.: *Schoen*, Beutekunst, S.)

Schoen, Susanne, Kulturgutverluste – Ausgewählte Einzelfälle in bezug auf die aufgrund des Zweiten Weltkrieges nach Rußland verbrachten deutschen Kulturgüter, in: *Gornig*, Gilbert / *Horn*, Hans-Detlef / *Murswiek*, Dietrich (Hrsg.), Kulturgüterschutz – internationale und nationale Aspekte, Berlin 2007, S. 157 ff. (zit.: *Schoen*, in: *Gornig/Horn/Murswiek*, Kulturgüterschutz, S.)

Schorlemer, Sabine von, Internationaler Kulturgüterschutz, Ansätze zur Prävention im Frieden sowie im bewaffneten Konflikt, Berlin 1992 (zit.: *v. Schorlemer*, Kulturgüterschutz, S.)

Schorlemer, Sabine von, Stolen Art, GYIL 41 (1998), S. 317 ff.

Schorlemer, Sabine von, Compliance with the UNESCO World Heritage Convention: Reflections on the Elbe Valley and the Dresden Waldschlösschen Bridge, GYIL 51 (2008), S. 321 ff.

Schorlemer, Sabine von, Cultural Heritage Law: Recent Developments in the Laws of War and Occupation, in: *Nafziger*, James / *Nicgorski*, Ann (Hrsg.), Cultural Heritage Issues: The Legacy of Conquest, Colonization, and Commerce, Leiden 2010, S. 137 ff. (zit.: *v. Schorlemer*, in: *Nafziger/Nicgorski*, Cultural Heritage Issues, S.)

Schulze, Dorothee, Die Restitution von Kunstwerken, Zur völkerrechtlichen Dimension der Restitutionsresolutionen der Generalversammlung der Vereinten Nationen, Bremen 1983 (zit.: *Schulze*, Restitution von Kunstwerken, S.)

Schwarz, Walter, Die Wiedergutmachung des nationalsozialistischen Unrechts in der Bundesrepublik Deutschland – rechtliches Neuland?, in: Festschrift für Martin Hirsch, 1981, S. 227 ff. (zit.: *Schwarz*, in: FS Hirsch, S.)

Schwarze, Jürgen, Rechtsschutz Privater bei völkerrechtswidrigem Handeln fremder Staaten, in: AVR 24 (1986), S. 408 ff.

Schweisfurth, Theodor, Vom Einheitsstaat (UdSSR) zum Staatenbund (GUS), ZaöRV 52 (1992), S. 541 ff.

Seidl-Hohenveldern, Ignaz, Der diplomatische Schutz für juristische Personen und Aktionäre, in: *Ress*, Georg / *Stein*, Torsten (Hrsg.), Der diplomatische Schutz im Völker- und Europarecht, Baden-Baden 1996, S. 115 ff. (zit.: *Seidl-Hohenveldern*, in: *Ress/Stein*, Diplomatischer Schutz, S.)

Shaw, Malcolm, International Law, 6. Aufl., New York 2008 (zit.: *Shaw*, International Law, S.)

Shinnar, Felix, Bericht eines Beauftragten, Die deutsch-israelischen Beziehungen 1951-1966, Tübingen 1967 (zit.: *Shinnar*, Bericht eines Beauftragten, S.)

Siehr, Kurt, International Art Trade and the Law, RdC 243 (1993), S. 13 ff.

Simma, Bruno, Grundfragen der Staatenverantwortlichkeit in der Arbeit der International Law Commission, in: AVR 24 (1986), S. 357 ff.

Solotych, Stefanie, Das Zivilgesetzbuch der Russischen Föderation, Erster Teil, Textübersetzung mit Einführung, 2. Aufl., Baden-Baden 1997 (zit.: *Solotych*, Zivilgesetzbuch der Russischen Föderation).

Stocker, Werner, Das Prinzip des Common Heritage of Mankind als Ausdruck des Staatengemeinschaftsinteresses im Völkerrecht, Zürich 1993 (zit.: *Stocker*, Prinzip des CHOM, S.)

Strebel, Helmut, Die Haager Konvention zum Schutze der Kulturgüter im Falle eines bewaffneten Konfliktes vom 14. Mai 1954, ZaöRV 16 (1955), S. 35 ff.

Streinz, Rudolf, Handbuch des Museumsrechts 4: Internationaler Schutz von Museumsgut, Opladen 1998 (zit.: *Streinz*, Schutz von Museumsgut, S.)

Stumpf, Eva, Kulturgüterschutz im internationalen Recht unter besonderer Berücksichtigung der deutsch-russischen Beziehungen, Frankfurt a. M. 2003 (zit.: *Stumpf*, Kulturgüterschutz, S.)

Thorn, Bettina, Internationaler Kulturgüterschutz nach der UNIDROIT-Konvention, Berlin 2005 (zit.: *Thorn*, Kulturgüterschutz nach der UNIDROIT-Konvention, S.)

Toman, Jiří, The Protection of Cultural Property in the Event of Armed Conflict, Commentary on the Convention for the Protection of Cultural Property in the Event of Armed Conflict and its Protocol, signed on 14 May 1954 in The Hague, and on other instruments of international law concerning such protection, Paris 1996 (zit. *Toman*, Commentary on HK-1954, S.)

Turner, Stefan, Das Restitutionsrecht des Staates nach illegaler Ausfuhr von Kulturgütern, Berlin/New York 2002 (zit.: *Turner*, Restitutionsrecht nach Ausfuhr von Kulturgütern, S.)

Vattel, Emer de, Le droit des Gens où Principes de la Loi Naturelle, Appliquée à la conduite et aux affaires des Nations et des Souverains, Bd. 2, London 1758, zit. nach dem Reprint in Scott, James Brown (Hrsg.), The Classics of International Law, Washington D. C. 1916 (zit.: *de Vattel*, Droit des Gens II, §)

Vitvitskaya, Oxana, Schutz der Kulturgüter in der Russischen Föderation, in: *Gornig*, Gilbert / *Horn*, Hans-Detlef / *Murswiek*, Dietrich (Hrsg.), Kulturgüterschutz – internationale und nationale Aspekte, Berlin 2007, S. 187 ff. (zit.: *Vitvitskaya*, in: *Gornig/Horn/Murswiek*, Kulturgüterschutz, S.)

Vitzthum, Wolfgang Graf (Hrsg.), Völkerrecht, 5. Aufl., Berlin/New York 2010 (zit. *Bearbeiter*, in: *Graf Vitzthum*, Völkerrecht. Rn. [römisch nach Abschnitt und arabisch nach Nummer]).

Walter, Bernhard, Rückführung von Kulturgut im internationalen Recht, Bremen 1988 (zit.: *Walter*, Rückführung von Kulturgut, S.)

Wiechatzek, Nadine, Der Standpunkt der DDR zur Rückerstattung und Wiedergutmachung wegen von Juden in der NS-Zeit erlittenen Unrechts, ZOV 1999, S. 259 ff.

Williams, Sharon, The International and National Protection of Movable Cultural Property, A Comparative Study, New York 1978 (zit.: *Williams*, Protection of Cultural Property, S.)

Winter, Steffen, Braune Beute, in: DER SPIEGEL v. 28.01.2013 (Heft 5/2013), S. 34 ff.

Wolf, Rainer, Die Waldschlösschenbrücke. Szenen über Politik und Recht vor der Kulisse von Globalität und Provinzilialität, ZUR 2007, S. 525 ff.

Wolfrum, Rüdiger Protection of cultural property in armed conflict, IsYHR 32 (2002), S. 305 ff.

Woudenberg, Nout van / *Lijnzaad*, Liesbeth (Hrsg.) Protecting Cultural Property in Armed Conflict, An Insight into the 1999 Second Protocol to the Hague Convention of 1954 for the Protection of Cultural Property in the Event of Armed Conflict, Leiden 2010 (zit.: *Bearbeiter*, in: *van Woudenberg/Lijnzaad*, Protecting Cultural Property in Armed Conflict, S.)

Wyss, Martin, Kultur als eine Dimension der Völkerrechtsordnung, Vom Kulturgüterschutz zur internationalen kulturellen Kooperation, Zürich 1992 (zit.: *Wyss*, Kultur als Dimension der Völkerrechtsordnung, S.)

Wyss, Martin, Kulturgüter: Ziel und Opfer der Gewalt, Kriegsrechtliche Schutzbestimmungen und neue Initiativen der UNESCO, VN 1994, S. 92 ff.

Wyss, Martin, Rückgabeansprüche für illegal ausgeführte Kulturgüter, Überlegungen zu einem kulturpolitischen Ordre public, in: Fechner, Frank / Oppermann, Thomas / Prott, Lyndel (Hrsg.), Prinzipien des Kulturgüterschutzes, Ansätze im deutschen, europäischen und internationalen Recht, Berlin 1996, S. 201 ff. (zit.: *Wyss*, in: *Fechner/Oppermann/Prott*, Prinzipien des Kulturgüterschutzes, S.)

Zschiedrich, Klaus / *Hoffmann*, Eva, Völkerrechtlicher Schutz der Kulturgüter vor Wegnahme und illegaler Verbringung ins Ausland, NJ 1984, S. 86 ff.

Résumé

L'auteur examine la responsabilité des Etats pour violation des règles du droit international portant sur la protection des biens culturels en temps de guerre ainsi qu'en temps de paix.

Avant d'examiner la protection des biens culturels, il convient de définir la notion de « bien culturel » pour préciser les objets susceptibles d'être protégés. Ici, l'auteur propose une nouvelle approche : Les objets protégés sont ceux qui remplissent les fonctions qu'ont les objets culturels pour la société. La représentation de l'identité de la Nation est la fonction la plus importante. La question de savoir si un objet remplit ces fonctions, doit être vérifiée par référence à l'importance qui y est accordée par l'opinion publique d'une part, et par les experts d'autre part.

La violation des normes du droit international engage la responsabilité de l'Etat auquel le fait illicite est imputé. En temps de guerre, c'est la Convention concernant les lois et coutumes de la guerre sur terre de 1907 qui fixe certaines règles importantes, y compris l'interdiction du pillage et l'interdiction d'attaquer les objets civils. Ces règles illustrent un droit coutumier bien établi pendant le 19ème siècle qui interdisait l'appropriation des biens culturels sans distinction aucune selon qu'ils se trouvent en propriété privée ou publique.

Après la Deuxième Guerre Mondiale, ces règles furent complétées par la Convention de la Haye pour la protection des biens culturels en cas de conflit armé de 1954 et son deuxième Protocole facultatif de 1999. Tous les deux prévoient la possibilité de placer les objets de très haute importance sous protection spéciale.

Il est important de préciser qui a droit à invoquer la responsabilité des Etats en cas de violation. C'est d'abord l'Etat victime. Cependant, certaines propositions visant à élargir ce droit aux personnes privées sont inutiles, car aucun juge n'est compétent pour trancher ces litiges. La pratique après la Deuxième Guerre mondiale montre que les réparations et restitutions ne peuvent être réglées que par accord entre les Etats. Les recours des particuliers sont donc exclus. Ces derniers sont protégés par le principe de protection diplomatique qui permet aux Etats d'invoquer les dommages subis par leurs ressortissants.

Une fois sa responsabilité établie, l'Etat est obligé à la restitution *in integrum*. Il faut qu'il prenne toutes les mesures nécessaires pour faire cesser les effets qui résultent de son comportement illicite. Les biens culturels volés doivent être restitués. Par contre, il n'est pas obligé de transférer ses propres biens au titre de « restitution compensatoire », si des objets sont perdus ou détruits. Dans ce dernier cas, l'Etat responsable versera une indemnité pécuniaire.

En ce qui concerne les violations du droit international commises par le Troisième Reich, l'Allemagne est responsable. Elle a restitué les objets volés dans les pays occupés. La propriété juive a été restituée à l'Etat d'Israël et à la *JCC*, qui représentent ensemble le peuple juif.

Par contre, la Russie refuse de restituer quelque 200.000 chefs-d'œuvre qui ont été enlevés par l'URSS pendant l'occupation de l'Allemagne, contrairement au droit international, et qui se trouvent encore dans les archives des musées russes.

En temps de paix, c'est le trafic illicite des biens culturels qui menace leur protection. Depuis une Convention de l'UNESCO de 1970, les Etats contractants sont obligés de restituer les objets volés dans les musées publics, même s'ils ont été achetés *de bona fide*.

Pour finir, la destruction intentionnelle des Bouddhas de Bâmiyân par les Talibans en 2001 pose la question de la responsabilité de l'Etat pour violation de ses propres biens culturels. Cette responsabilité est établie puisque les biens culturels les plus importants appartiennent à l'humanité entière. Ce patrimoine commun est protégé par la Convention du patrimoine mondial de 1972. L'action en responsabilité peut être invoquée par chaque Etat ayant un intérêt légitime d'agir, soit parce qu'il s'agit d'un objet d'intérêt régional, par exemple européen, soit parce qu'il s'agit d'un d'objet d'intérêt général. Dans ce dernier cas, l'obligation de protéger l'objet concerné est une obligation *erga omnes.* Chaque Etat est donc fondé à invoquer la responsabilité internationale de l'Etat qui ne s'acquitte pas de cette obligation.

Abstract

The author examines state responsibility in case of violations of international law protecting cultural properties in times of both war and peace.

First of all, the term "cultural property" has to be defined in order to clarify which objects are protected by international law. The author suggests taking a new approach towards this issue: All objects that meet the specific criteria of cultural properties for society should be protected. The most important function of cultural properties is to represent nations' cultural identity. Whether this is the case for a specific object has to be verified in accordance with its recognition as such in general or by experts.

A breach of international law engages the responsibility of the state to which the illicit act can be imputed. In time of war, the Convention on the Laws and Customs of War on Land imposes major restrictions on the conflicting parties, among them the prohibition of pillage and of attacks on civilian objects. These provisions reflect the customary law that was established during the 19th century, prohibiting any form of misappropriation of cultural property regardless of whether such property has been previously in private or public hands.

After World War II, the Hague Convention for the Protection of Cultural Property in the Event of Armed Conflict in 1954, as well as its second Protocol added in 1999, completed this régime. These instruments also allow states to place objects of outstanding value under special protection.

It is important to note who is entitled to invoke state responsibility. This right is reserved to the state which is the victim of the breach of an international obligation. Some proposals in doctrine to grant this right to individuals must be rejected. There is no judge to rule on such claims. State practice after World War II clearly shows that reparations and restitution can only be regulated between states. This poses an obstacle when it comes to reaching individual remedies. However, individuals come within the scope of the principle of diplomatic protection, allowing each state to claim damages caused to its citizens as if such damage had been incurred by the State itself.

The responsible state is under the obligation of restitution *in integrum*. The state is to take all necessary measures to ensure that the effects of illicit actions cease. Illegally removed properties are to be returned. Having said that, if the originals have been lost or destroyed, international law does not require cultural properties owned by that state to be transferred as "compensatory restitution". The responsible state will have to provide pecuniary compensation in such cases.

Germany is responsible for the violations of international law committed by the Third Reich. It has restituted cultural property stolen from countries that it had occupied. Jewish property was restituted to Israel and to the JCC, both of these together representing the Jewish People.

In contrast, Russia refuses to restitute about 200,000 masterpieces of German culture taken by the Soviet Union in violation of international law during the occupation of Germany. These objects are still kept in the archives of Russian museums.

In times of peace, illicit trafficking in cultural properties jeopardizes their protection. According to a UNESCO Convention from 1970, its States Parties are obliged to restitute cultural objects stolen from public museums even if they have been acquired by third parties in good faith.

Finally, the deliberate destruction of the Buddhas of Bamiyan leads us to the question of the State's responsibility for violating its own cultural heritage. This responsibility is established because some significant cultural objects belong to the international community as a whole. This common heritage is protected by the Convention on World Cultural and Natural Heritage of 1972. Hence, each state possessing a legitimate interest is entitled to assert state responsibility in case of a violation. The legitimate interest may ensue from the regional importance attaching to the property concerned (e.g. common European heritage) or from its worldwide importance. In the latter case, it is an obligation *erga omnes* to protect those properties so that any state may assert state responsibility if it is violated.

Interdisziplinäre Europa Studien

Herausgegeben von Gilbert Gornig, Theo Schiller
und Wolfgang Wesemann

Band 1 Gilbert Gornig / Theo Schiller / Wolfgang Wesemann (Hrsg.): Griechenland in Europa. 2000.

Band 2 Anna Capretti: Öffnung der Machtstrukturen durch Referenden in Italien. Eine pluralismustheoretische Analyse. 2001.

Band 3 Gerrit Linke: Das Instrument der verstärkten Zusammenarbeit im Vertrag von Nizza. Möglichkeiten eines Europas der differenzierten Integration. 2006.

Band 4 Benjamin Ewert: Potentiale der direkten Demokratie in Litauen, Slowenien und Ungarn unter besonderer Berücksichtigung der politischen Kultur. 2007.

Band 5 Matthias Friehe: Völkerrechtliche Haftung im Kulturgüterschutzrecht. Zugleich ein Beitrag zur Raub- und Beutekunstproblematik. 2013.

www.peterlang.de